Andrea Favaro "Axel"

No Pain, No Gain

Titolo No Pain, No Gain – L'arte siamo noi
Autore Andrea Favaro
ISBN 978-1-326-57848-0

[…] perciò l'effetto della musica è tanto più potente e penetrante di quello delle altre arti: perché queste esprimono solo l'ombra, mentre essa esprime l'essenza. […]

A.Shopenhouer

PRECISAZIONE

Scrivere un libro è una cosa seria.
Io non sono mai stato troppo serio.
Mi sono immaginato di fare due chiacchiere, come fossimo dal vivo, tu ed io.
Ho sempre pensato a molte cose durante il giorno (e a volte anche di notte...), al senso di tutto ciò che ci sta intorno. Ho trovato (e continuo a trovare) molte risposte nella musica, ma potremmo estendere il discorso all'arte in generale, non solo alla musica in sé.
Molti esempi e immagini che seguiranno sono tratti dal mondo della musica, ma non ho potuto non pensare ad altri momenti che ho vissuto in prima persona, anche se meno musicali.

Sono tutti pur sempre esempi: sono un modo per vedere le cose da un'altra angolazione, da un'altra prospettiva, o semplicemente per guardare le varie situazioni in un ambiente a noi più comodo per poterci pensare un po' su, svincolati dalle esperienze che possa aver fatto io.

Non ci sono pretese di verità scientifiche o altro, anche nei momenti in cui ho tirato in ballo la matematica.

È davvero una chiacchierata, con esempi e immagini prese da ambiti diversi, solo con lo scopo di capire meglio, ricrearsi meglio un'immagine in testa dell'argomento di cui stiamo parlando.

Anche i modi e tempi verbali sono volutamente colloquiali.

A volte non è rispettata la consecutio temporum in modo perfetto, soprattutto perché i differenti tempi verbali mi danno sensazioni diverse gli uni dagli altri: in una frase "capimmo" ci farebbe pensare ad un attimo secco e preciso, un momento molto corto; "capivamo" invece ci farà pensare ad un processo più lungo. Magari nella frase successiva troveremo un "capiamo" (che è presente, come per riportarci all'oggi con la mente), anche se all'interno della frase stiamo parlando del domani.

"Se suoniamo, diventerebbe" potrebbe far venire la pelle d'oca alle protasi di tutto il mondo, e "non sto facendo nulla" significherebbe potenzialmente fare qualcosa. Non ci siamo fatti mancare nemmeno anacoluti o altre stramberie con le virgolette, tutti errori che nei nostri compiti d'italiano sono stati corretti con la matita blu...

"Far fatica per niente è tempo perso" dicevano genitori e nonni.

Qualcosa di vero c'è. Ma potremmo andare oltre.

Il vero tempo perso è quello speso senza fare fatica. Può sembrare tutto un controsenso, ma tra poco ci sediamo e ne parliamo con calma.

Sono sempre stato affascinato dal funzionamento degli oggetti che vedevo, e da sempre ho cercato di smontare qualsiasi cosa per capire come fosse fatta, a partire dalla panchina che i miei nonni tenevano nel cortile davanti casa. Ero piccolino, ma sono riuscito a smontarla tutta da solo, togliendo viti, rondelle e incastri. Mettendoci il triplo del tempo sono anche riuscito a rimontarla! E non era più la stessa panchina, era la "mia" panchina. Ma non in senso possessivo o negativo: era diventata un pochino anche mia, faceva parte di me. Avevo intrapreso un percorso che mi ha portato a conoscerla, a capire come funzionasse. Quindi ogni volta che mi sedevo su quella panchina, mi sentivo a casa, ero più consapevole del dove fossi seduto.
Ho sempre desiderato capire, e dalle panchine siamo passati alla geometria e poi alla filosofia: capire come altra gente avesse pensato è sempre stato molto bello e divertente. Con la mente chiunque può compiere esperimenti "mentali" (quindi senza per forza vederli realizzati con oggetti reali), porsi domande stranissime e addirittura ragionare su situazioni che non occorrerebbero mai davanti ai nostri occhi (forse).
È il nostro pensare che ci rende grandi, il nostro atteggiamento, il modo di porci, il modo di guardare le cose.

Siediti pure, e grazie di aver deciso di passare del tempo a fare una chiacchierata insieme.
Intanto preparo due caffè...

INTRODUZIONE

Quanto pensiamo durante il giorno.
Ogni cosa che vediamo, ogni cosa che accade ci dà motivo di pensare. C'è sempre qualcosa cui pensare.
Ma sta a noi decidere a cosa pensare. In questo la vita (un po' come la musica) è open source: è tutto sotto i nostri occhi, il codice è libero, chiunque può leggerlo, studiarlo e apportare modifiche o aggiunte... solo che a volte il codice della vita risulta poco chiaro.
Ma è lì, non è protetto da copyright, tutti possono guardarlo e cercare di capirne i meccanismi, per poi magari implementare soluzioni nuove, nuovi plug-in o nuove funzioni.
È una possibilità molto bella, ma molto faticosa.
Comprare un sistema operativo che già funziona, è semplice, salvo poi lamentarsi dei mille problemi che potrebbe avere o delle mille funzioni che non sono state implementate e che

invece a noi potrebbero tornare comode. Quindi scegliendo di utilizzare quel sistema, siamo costretti a mille passaggi di variabili e istruzioni per ottenere il nostro risultato, facendo una grossissima fatica e sprecando moltissime risorse. Ci lamenteremo continuamente del computer lento. Cambieremo addirittura processore, proprio perché tutte queste operazioni occuperebbero così tanto la CPU[1] da impallare tutto il sistema. Una volta sostituita parte dell'hardware, il sistema funzionerebbe in modo sensibilmente migliore, ma prima o poi ci imbatteremo ancora nello stesso problema, e l'unica soluzione che vedremo sarà quella di cambiare nuovamente processore.
Sembra una pratica normale, ma non è molto furbo come ragionamento: abbiamo investito tempo e soldi in un sistema che non governiamo, utilizzando il quale siamo costretti a compiere mille giri complicati per ottenere il nostro risultato. Investire su di noi, sul nostro modo di capire le routine del sistema e di scrivere funzioni personalizzate sarebbe molto più faticoso, non ci sono dubbi. Cosa scegliere?

Apparentemente il risultato è lo stesso.
In un caso abbiamo una CPU potentissima che è costretta a svolgere mille volte delle operazioni scomode e ridondanti, lavorando costantemente al 95% (in questa situazione noi non facciamo fatica, ci limiteremmo a lamentarci per la continua lentezza).
Nell'altro abbiamo una CPU modesta, che lavora circa al 40% con delle porzioni significative del sistema scritte da noi,

---

1 **Central Processing Unit** (l'unità di elaborazione centrale), il cuore di un computer, il cosiddetto "cervellone": ha in compito di eseguire tutte le istruzioni dei nostri programmi e coordinare tutte le altre periferiche.

però in caso di problemi, invece di lamentarci e cambiare CPU per l'ennesima volta, staremmo svegli tutta la notte per capire come migliorare quel codice scritto proprio da noi stessi.

Immaginiamoci due macchine diverse.
In un caso sarebbe come avere una bella limousine, con autista e frigo bar, nella quale siamo seduti dietro, non vedendo la strada né tantomeno potendo decidere a che incrocio svoltare.
Nell'altro saremmo con la nostra utilitaria dalla vernice un po' usurata, però saremmo noi alla guida, e ogni spia che dovesse accendersi nel quadro dell'auto ci farebbe subito venire in mente le possibili cause del relativo problema e allo stesso tempo una soluzione per poterlo risolvere.
Non c'è un giusto e uno sbagliato in senso stretto: c'è quello che è giusto "per me", forse è meglio dire così.
Nessuno potrebbe affermare con certezza che cosa sia meglio per gli altri, proprio nessuno. Possiamo ricevere o elargire consigli rispetto a varie situazioni, e tutte queste informazioni e consigli ci faranno pensare, ci daranno uno spunto e una possibilità di crescere, ma quello che sentiamo "giusto per noi" è nostro. Non può deciderlo o sentirlo nessun altro. Possiamo farlo solo noi.
Dobbiamo.

UNA FRASE CAMBIA LA VITA

"Non è tanto importante ciò che sta accadendo, ma ciò che per noi sta accadendo".[2]
Incontrai queste parole tanto tempo fa, durante una mia ricerca sul filosofo Schopenhauer.
Mi ha sempre affascinato questa frase.
La prima volta che l'ho letta è stato in un momento molto particolare per me: ripetevo spesso la parola *dipende* in quel periodo, proprio perché iniziavo ad accorgermi che molte situazioni non erano bianche o nere, potevano anche essere grigie. "Dipende da dove le guardi, da chi le guarda: quello che va bene per te magari non va bene anche per me". Aver

---

2 **Arthur Schopenhauer**, 1819, Il mondo come volontà e rappresentazione.

letto quella frase è stato come leggere le parole di qualcuno che avesse già scritto quello che stavo pensando io in quel momento, come se mi avesse letto nel pensiero prima che io potessi pensarlo. Un po' come ascoltare una canzone che in fondo parla di te, anche se è stata realmente scritta da un'altra persona molto prima che tu nascessi...

Quello per me era un periodo di cambiamento. Fino a quel momento ero molto rigido e schematico, molto matematico: o bianco o nero. Non c'erano mezze misure, nel bene e nel male.

Tutto era una sfida, qualcosa contro cui combattere, una battaglia da dover vincere.

E questo fa scena, sembri uno che comanda, uno che sa il fatto suo, che prende tutto di petto.

Sì, ma forse questa non è vita, o meglio, forse non lo è per tutti. Ogni momento della vita ci insegna qualcosa, e anche quel momento mi ha insegnato molto.

La vita vera non è quello, non è tutto una sfida, a volte non esistono le categorie del vincere o perdere.

Da giovani si è sempre un po' spavaldetti - è nelle cose. Purtroppo però a volte facciamo i conti solamente con una parte del discorso: spavaldo è un aggettivo tendente al negativo, ma non lo prenderei troppo in quella direzione.

Dobbiamo capire che cosa ci stia intorno prima.

Un uomo che parla tanto sembra essere il padrone del mondo. Non sappiamo se lui sappia davvero quello che dice, ma intanto lo sentiamo parlare. Se questa persona non è realmente capace di fare le cose di cui parla, se non ha le conoscenze per dire quello che dice, è solo una persona che riferisce parole che non sono sue, che non lo riguardano e non gli appartengono.

A parole potrebbe anche sembrare un tipo tosto, ma quando arriva il momento di agire per davvero si vedrebbe la coda di paglia incastrata sotto la porta. Lui continuerebbe con i suoi discorsi sembrando ancora più sicuro di sé, ma lasciato da solo non sarebbe in grado di svolgere l'attività di cui tanto parlava.
Quella non è spavalderia, è un po' di stupidità mista a paura, insicurezza... potremmo parlarne per ore senza venirne a capo. È pur vero che, specie da giovani, è sano ci sia un po' di "spavaldaggine" intesa magari come eccessiva sicurezza, questa volta però data da una capacità reale.

Ho sistemato il mio motorino dopo pomeriggi e pomeriggi di prove, e adesso il mio corre più del tuo, allora mi atteggio un pochino perché il mio corre più del tuo. L'ho realmente sistemato io! Magari esagero a lodarmi così tanto per il mio lavoro, ma è stata davvero opera mia, ho fatto fatica io, ho sistemato io il mio motorino, e adesso ho la prova che sono stato più bravo di te.
Ci sarà stato anche un colpo di fortuna, molte circostanze mi avranno permesso di farcela (quindi forse non è tutto merito mio), ma il mio atteggiarmi è dovuto alla mia fatica, il mio aver fatto fatica e aver visto il risultato mi dà forza, mi fa sentire più grande di com'ero prima.
Ed è vero.
Io ci ho messo del mio. La fatica che ho compiuto mi ha fatto cambiare, non sono più quello di prima.

Ovviamente non ho chiesto al papà di comprarmi il motorino più veloce per poi andare a farmi bello davanti agli amici.
Questa è stupidaggine, non conta nulla. Posso dire quello che voglio agli altri, atteggiarmi in mille modi, ma sotto sotto non

mi sentirò meglio, non mi sentirò migliore. Semmai fosse rilevante, quella possibilità di sembrare migliore davanti agli altri è dovuta ai genitori e ai soldi investiti da loro per il mio nuovo motorino, non da me. Io a malapena lo so guidare quel motorino.

In questa circostanza sono la persona che vorrebbe sentirsi più grande, ma sono anche l'unica persona che in questa storia non c'entra davvero nulla, che non ha prodotto nulla, che non ci ha messo nulla di proprio.

RADIOAMATORI

Tra i radioamatori è sempre esistito un codice d'onore, potremmo chiamarlo così: ogni radioamatore per definirsi tale doveva costruirsi un apparato radio funzionante, in modo da poter sostenere una conversazione tramite quello stesso apparato da lui realizzato. Nei tempi antichi, con la nascita delle prime comunicazioni radio, nacquero anche i primi radioamatori (termine ovviamente non casuale). Questi erano nati realmente come delle persone curiose che all'interno di scantinati e garage passavano notti a costruire e sperimentare soluzioni per poter parlare e ascoltare a distanza, in modo amatoriale appunto. Erano molto bravi, ma, di fatto, una scuola professionale ancora non esisteva, la comunicazione radio stava nascendo con loro, erano loro i primi!
Poi ovviamente con il passare del tempo e delle conseguenti innovazioni tecnologiche, dall'utilizzo di un apparato

rudimentale casalingo, tenuto insieme da scotch e saldature orribili, si è passati ad apparati ricetrasmittenti migliori, questa volta acquistati già montati e funzionanti. I tempi cambiano, ma il primo passo di ogni radioamatore è sempre stato la realizzazione di una propria macchina, una propria ricetrasmittente. Un radioamatore doveva aver capito il suo funzionamento, sbagliato a saldare ed essersi scottato mille volte, aver sbagliato antenna, fritto resistenze e altri componenti... ma alla fine esserci riuscito. Anche se brutta e gracchiante, la sua creazione avrebbe dovuto comunque funzionare. Chiaramente chiedendo aiuto ad amici, seguendo schemi diversi ed effettuando mille prove! Nessuno ci è riuscito al primo tentativo. Aiuti e consigli servono, ci mancherebbe! Ma il risultato doveva essere comunque opera "sua", questo è un passaggio fondamentale. Far svolgere parte del lavoro di montaggio ad un amico, che già era capace, non era contemplato, ognuno doveva riuscire in tutte le fasi della realizzazione.

Ed è proprio questo aspetto che accomunava tutti!

Poi, passato tempo dalla prima trasmittente, trovandosi tra "colleghi" a parlare di qualsiasi argomento inerente alle radio, tutti si sarebbero ricordati della moltissima fatica spesa per far funzionare il tutto, quante notti non dormite, quante scottature e quante volte essersi chiesti "che cosa ho sbagliato stavolta?".

Tutti avevano compiuto quella fatica, e tutti avevano coscienza della fatica compiuta dagli altri. Nessuno avrebbe mai preso in giro un altro radioamatore il cui apparato ancora non funzionava. Il rispetto e la consapevolezza derivavano dalla fatica, dall'aver fatto fatica.

Un radioamatore che utilizzava un apparato comprato era guardato male, ma nel senso buono: lui non era un

radioamatore, era un semplice utilizzatore dell'apparato che
aveva comprato. Non aveva alcun merito nell'utilizzo di
quella strumentazione: non l'aveva prodotta né capita.
Semplicemente l'aveva comprata.
E non era un fatto positivo, anzi. O meglio, non c'era nulla di
male nell'utilizzarlo, ma non era consentito atteggiarsi o
millantare di essere un radioamatore!
Logico no?
Sarebbe stata un'offesa gravissima verso tutti, verso la fatica
di tutti. Il tuo status era dato dalla tua fatica, dal tuo impegno,
non da quello che avevi comprato.
Tutti possono comprare un oggetto, ma il percorso per essere
riusciti a costruirlo è personale, quello non si compra e non si
vende.
È quel percorso che ci fa crescere, di qualsiasi cosa si tratti. Il
risultato siamo noi, il fine ultimo a cui arrivare siamo noi!
Comprare un apparato senza capire come funzioni non è un
modo veloce per poterci chiamare radioamatori, è un modo
per non diventarlo mai.
È l'inizio della fine.
Cercando di usare quello che sembra un trucco per fare meno
fatica ci stiamo privando della possibilità di diventare proprio
quello per cui abbiamo deciso di usare quel trucco.
Fantastico no?
Oltre a non diventare quello che vorremmo, stiamo andando
proprio nella direzione opposta, ci sentiamo più furbi di tutti
ma ci stiamo tagliando fuori dal raggiungere davvero
l'obbiettivo che desideravamo.
Geniale.
Comprare un oggetto è un discorso, diventare qualcuno è
tutto un altro paio di maniche.

SENZA REGOLE

Giustamente chiunque potrebbe dire "beh, anch'io ho un apparato radio che funziona, e sono anche stato più furbo di quelli che hanno fatto tutta quella fatica per costruirsene uno, che poi funziona anche peggio del mio". Niente di più sbagliato, ma purtroppo succede.

E succede sempre più spesso.

Quell'oggetto è una cosa. Niente di più. Una semplice cosa. Il nostro percorso personale vale di più, molto di più di quella semplice cosa.

Inutile negare che ad un occhio poco attento, comprare un apparato radio senza dover imparare a saldare e non scottarsi mai, sembra essere geniale: zero fatica e stesso risultato.

Quindi addirittura ci si guadagna!

Sembra stupendo, sembra di andare oltre quello che c'è: abbiamo trovato un modo per cambiare le regole che erano stabilite, per arrivare allo stesso risultato passando per una strada più semplice. Come se in un percorso a ferro di cavallo, appena partiti, invece di seguire il sentiero, tagliamo a destra, e in un batter d'occhio arriviamo nei pressi dell'arrivo, belli freschi. Agli occhi di tutti siamo arrivati alla fine del percorso in condizioni fisiche eccellenti, ma questo non significa automaticamente che siamo così ben allenati da non aver fatto quasi alcuna fatica. Noi siamo arrivati alla fine, non siamo arrivati fino alla fine, è un concetto diverso.

Siamo sempre portati a pensare alla fine, al punto di arrivo, ne siamo quasi ossessionati. Il vero punto di arrivo è il percorso stesso: quello è il nostro arrivo, quella è la fine del nostro percorso (sembra un gioco di parole)! Possiamo cambiare i cartelli lungo la strada, ma sarà tutta una finzione. Agli occhi di molta gente saremo stati furbi, ma realmente siamo stati un po' scemi.
E il fatto stesso di fare i furbi ci impedisce di crescere, di migliorare. Ogni percorso è al tempo stesso un motivo per crescere e il mezzo per poterlo fare. Non ci sarebbe crescita senza percorso, non ci sarebbe cambiamento.
Alcuni percorsi ci vengono presentati davanti, altri possiamo sceglierli noi stessi, ma il concetto stesso di percorso implica una regola, una direttiva, una direzione da seguire. Questa è proprio la direzione del percorso.
"Regola" sembra una parola grande e difficile, ma il concetto che ci sta dietro è importante quanto semplice.
In un mondo senza regole nulla è possibile. Sono le regole a permetterci di fare ciò che facciamo.

Andiamo con calma.
Pensiamo al parlare.

Se io volessi semplicemente parlare con qualcuno, avrei bisogno di un modo per poterlo fare, un codice condiviso da entrambi per poterci capire, insomma un insieme di consuetudini per esprimere a parole dei concetti astratti. Quindi, potremmo chiamarle semplicemente regole: se il nostro interlocutore non rispettasse queste regole, non ci capiremmo, e non ci sarebbe nulla da fare per sbloccare questa situazione.

"Sì è vero, ma io mi capisco a gesti!". Vero, bella osservazione. Ma se un mio gesto di saluto con la mano fosse interpretato come un movimento offensivo per chi mi guarda, sarebbe già finita, non riusciremo nemmeno ad avvicinarci: il mio semplice gesto per iniziare la conversazione lo farebbe andare via arrabbiato. E tutto questo per la mancanza di una regola condivisa.

Tutti abbiamo detto (magari in età diverse) di voler vivere senza regole, o di non dover rispettare regole se non quelle stabilite da noi stessi. Verissimo, ma c'è un altro particolare: nessuno di noi vive su Marte. Siamo tutti qui, nello stesso posto, e in qualche modo viviamo per stare insieme, è lo stare insieme ad altri che ci fa sentire vivi, immaginiamocelo così. E quindi, l'idea delle "mie" regole perde un po' di significato se presa in senso stretto: con le tue regole puoi andare d'accordo solo tu e tu. Se fossimo già in due, sarebbero le "nostre" regole.

Però in un modo o nell'altro, SENZA non potremmo stare. Oggi sembra che trasgredire sia la pratica più in voga. Fare così perché si è sempre fatto così, suona male, suona vecchio e decrepito, noi siamo moderni e dobbiamo andare avanti. Giusto, allora facciamo esattamente il contrario di quello che c'era prima, proprio con l'idea di andare dall'altra parte.

Quindi la nostra regola è andare dall'altra parte, a prescindere. Non mi pare un gran risultato nemmeno quello.

È complicato sì, due righe provocatorie non risolvono il problema, ma possono farci pensare.
Sembra strano ma anche la situazione più semplice ha bisogno di una regola, di un dritto e un rovescio, per estensione potremmo dire di "un modo di vederla". Di solito parliamo di regole quando siamo in più persone, quindi quel modo, quella regola viene "condivisa" da tutti, ma una regola può nascere da e per una persona sola. Il significato della regola è lo stesso: è un modo, una chiave di lettura.
Una volta alcune direttive e consuetudini per interpretare le cose che accadevano, per considerarle giuste o sbagliate, dritte o storte, venivano dai probi viri, dai saggi, dai *veci che saveva el mestier.*
È pur sempre vero che tracciare una linea di confine netta non è facile... ma se una volta eravamo sbilanciati da quella parte, dove la parola del *vecio* era considerata legge senza ma e senza se, dove perlomeno esisteva una direttiva data dall'esperienza di qualcun altro (non dal caso, ma dall'esperienza), oggi siamo sbilanciati dall'altra, dove nessuno prende una posizione e dove allo stesso tempo tutti hanno diritto a tutto.
Nessuno dev'essere discriminato, ma al tempo stesso nessuno decide nulla.
Abbiamo perso il metro per misurare le cose, vita compresa.
Un po' come se l'avere diritto a qualcosa non sia più considerato come "avere la possibilità morale e fisica di farlo, essere liberi di farlo" ma piuttosto "ho diritto a questo, quindi qualcuno ha il dovere di darmelo, e subito".

Ribadisco che è tutto molto complicato, ma nemmeno questa visione sembra essere delle più funzionali e corrette: la prima persona che dovrebbe mobilitarsi ed impegnarsi per i tuoi interessi, sei proprio tu.

Logico no?

Sembra sempre sia qualcun altro a dover compiere qualcosa, ma non è proprio così. Anche per gli aspetti più banali, per raggiungere qualsiasi risultato dobbiamo metterci del nostro, e dobbiamo avere dei paletti, di qualsiasi tipo.

In mezzo al mare di notte diventa difficile anche solo capire da che parte andare. Non parliamo poi della fatica di nuotare, del rimanere a galla o del freddo, ma è anche semplicemente un problema decidere da quale parte girare lo sguardo. E senza questa decisione, il nostro nuotare perde di significato, andremo in giro ma chissà dove.

I paletti non sono rigidi, non sono gabbie nelle quali restare imprigionati. Sono delle lenti che ci aiutano a vedere intorno a noi, che ci aiutano a prendere delle decisioni. Senza lenti si vive benissimo, ma si sbatte dappertutto e non si sa nemmeno il perché.

Un giorno, chiacchierando durante una cena tra parenti, mio papà ha detto scherzando: "I giovani non sanno nemmeno più divertirsi, e nemmeno lo sanno, questo è il divertente". Sembrava una battuta mista ad un gioco di parole, ma c'era molto di più.

NASCONDINO

Ed è vero, non c'è divertimento senza consapevolezza. Non c'è divertimento senza regole.
Ogni volta giocando a nascondino, c'era sempre qualcuno che diceva "ma no, non si fa così", "io non gioco più"... e il gioco finiva. Perché finiva?
Semplice, se qualsiasi giocatore avesse visto il ragazzo al quale toccava contare, farlo ad occhi aperti, si sarebbe arrabbiato non poco.
"Non si fa così, si conta ad occhi chiusi, altrimenti mi vedi", e a tutti gli effetti questa è una regola, una regola condivisa da tutti quelli che giocano a quel gioco. Infrangendo quella regola si sfalda anche il gioco stesso, non esiste più, non si può giocare a Nascondino se vedo esattamente dove ti sei nascosto. Il senso del gioco sparisce. Viene meno il gioco stesso, non esiste più il motivo, lo scopo per cui siamo tutti

qui sudati a correre. E il motivo per cui ci arrabbiamo di più
non è per il dover cambiare gioco, ma per il fatto che
qualcuno non ha "giocato", non ha seguito i canoni di quel
gioco che tutti avevamo deciso.
E questo è Nascondino, che tutti i grandi dicono essere solo
un gioco. Anche per poter giocare al gioco più semplice del
mondo abbiamo bisogno di alcuni punti fissi che tutti
accettiamo.
Ma andiamo ancora più in là: la consapevolezza del gioco fa
parte del gioco. Il gioco è bello per il fatto che sia bello
giocare, anche se tutti cercano pur sempre di vincere. Se
vincessimo a tavolino, senza "giocare", sarebbe bruttissimo, e
ci arrabbieremmo ancor più di aver perso!

Da piccoli tutti abbiamo giocato ai giochi più strani: il
cavallino, le macchinine, i trenini ecc, e chiaramente giocando
con mamma o papà dobbiamo vincere, ci mancherebbe altro!
Noi vogliamo vincere, dobbiamo vincere. Giochiamo per il
gusto di giocare, ma vogliamo vincere.
Però arrivare primi durante una gara con la nostra
macchinina sulla pista elettrica non è tutto: se vincessimo
accorgendoci che qualcuno ci ha lasciato vincere ci
arrabbieremmo tantissimo. Noi vogliamo vincere, ma
giocando! Se qualcuno ci lascia vincere significa che sotto
sotto non ha giocato.
Ovviamente è chiaro, da piccoli giocare a scopone scientifico
contro degli adulti e riuscire a vincere non è molto probabile,
ed è quindi chiaro che molti di questi adulti ci hanno aiutato
nel vincere in passato, di qualsiasi gioco si trattasse.
È il concetto ad essere diverso: non ci hanno lasciato vincere,
ci hanno aiutato a vincere. Loro stavano giocando, ma
giocavano dalla nostra parte. Noi sentiamo di aver vinto con

le nostre forze, anche se abbiamo goduto di un aiutino, ma non ce ne siamo resi conto, non abbiamo avuto la sensazione che qualcuno ci lasciasse vincere e se ne fregasse del gioco che avevamo cominciato insieme.

Quindi l'aspetto più importante è il gioco, non la vittoria. Ma non ci sarebbe gioco senza regole. Possiamo vincere solamente giocando, e non possiamo giocare senza regole. Quindi il nostro essere felici per essere riusciti in qualcosa è anche dovuto alle regole.

Un po' come la vita, anche quella è un gioco, molto più grande e molto più incasinato, ma pur sempre un gioco, mi piace vederla così. Forse vincere in questo gioco significa essere sereni, contenti... questo non lo so ancora molto bene, ma senza regole, senza un percorso, senza idee non possiamo essere felici.

A volte forse pensiamo che l'essere felici sia una cosa dovuta, un colpo di fortuna, qualcosa che arriva dall'alto, ma non ci ricordiamo che l'alto siamo noi.

Non possiamo cambiare le condizioni di partenza di questo grande gioco: se nascendo mi trovo con vicolo corto e vicolo stretto e tu invece con tutte le quattro stazioni e la società dell'acqua potabile[3], non possiamo farci niente, non possiamo agire su questo. Ma su tutto quello che viene dopo sì, su quello possiamo eccome! A volte siamo noi stessi che con le nostre azioni ci impediamo di essere felici. Lo decidiamo a priori, anche se non ce ne rendiamo conto.

Paradossalmente, essere felici è difficile.

---

[3] Sono nomi caselle collocate sul tabellone di gioco del **Monopoli**, classico gioco da tavolo. Ognuna delle caselle elencate è una proprietà che i giocatori possono acquistare durante il gioco, e da questo acquisto potranno poi ricavarne profitto.

Quante volte di fronte a mille problemi ce la prendiamo con tutto e con tutti?

Pensiamo (brevemente e limitatamente a questo semplice aspetto che mi ha fatto riflettere) all'esperimento di Laborit[4]: se due topi lasciati in una gabbia piccolina, vengono colpiti da delle scosse elettriche che si propagano dal pavimento della gabbia, entrambi i topi sentiranno la scossa, e istantaneamente inizieranno a lottare tra loro, credendo entrambi che la colpa del loro malessere sia dell'altro. I topi lotterebbero tra loro ad ogni sollecitazione elettrica, ma analizzati clinicamente risulterebbero essere topi completamente sani. Arrabbiati e nervosi, ma sani. Lo stesso esperimento svolto con all'interno della gabbia un solo topo, ci mostrerebbe dei risultati molto diversi: ad ogni scossa il topo non avrebbe nessuno da attaccare, nessuno contro cui sfogarsi, non avrebbe un nemico. Andando ad esaminare il suo stato di salute scopriremmo che questo topo si sarebbe ammalato. Lo vedremmo arrabbiato e malato, depresso.

Le condizioni del fastidio fisico provocato sarebbero le stesse per entrambi gli esperimenti, ma per il solo fatto di non avere un nemico contro cui sfogarsi farebbe ammalare il topo solitario.

Per questo essere felici è difficile: ci sono scelte e decisioni che dobbiamo prendere solo noi per noi, non può farlo nessun altro, quindi la strada per essere felici in prima battuta passa proprio da noi. A dire il vero dipende proprio da noi. Quindi per essere felici siamo noi a dover compiere delle scelte, quelle che solo noi sappiamo essere giuste per noi stessi!

---

[4] **Henri Laborit**, (1914–1995), filosofo e biologo francese.

Quelle che ci permetterebbero di volare!
Senza questo passaggio non potremmo essere felici.
Potremmo avere tutto quello che fisicamente si potrebbe
desiderare, a partire dai soldi e a finire da qualsiasi altra cosa,
ma allo stesso tempo essere profondamente infelici.
Però è rischioso, probabilmente non prenderemmo sempre
decisioni giuste e rischieremmo quindi di star male per una
nostra scelta, il che fa paura.
Lamentarsi sempre di tutto e di tutti equivale a spostare il
centro del gioco da un'altra parte: scegliamo ogni volta un
nemico, quello che più ci è utile in quel momento, e pur
vivendo tormentati da scosse non ci ammaleremmo mai,
anche se arrabbiati.
Sembra un buon risultato, niente malattia.
Vero! Così però non potremmo mai spiccare il volo.

Noi possiamo davvero volare, le ali sono dentro tutti noi,
anche se hanno forme diverse, ma ci sono.
"Non è dignitoso per un pilota rimanere a terra, [...]Questa è
una cosa che so di sicuro".[5]
Siamo tutti dei piloti, non dei passeggeri.

---

[5] Frase tratta da un dialogo nel film **Aquile d'attacco** (titolo originale *Iron Eagle II*), un
film del 1988 di Sidney J. Furie.

CHE COSA FACCIAMO OGGI?

Nel film Matrix[6] l'agente Smith diceva che nessuno esiste senza uno scopo.
Non usiamo paroloni così grossi, stiamo con i piedi per terra, ma quanti ragazzi dicono di annoiarsi il pomeriggio?
E spesse volte non sono dei ragazzi che studiano come dei matti, anzi. Anche perché studiando tanto non avrebbero tempo di annoiarsi!
Annoiarsi, o meglio i ragazzi adesso dicono "non mi passa niente", è come se fosse un sinonimo di "non sapere che cosa fare", potremmo metterla così.

---

[6] **Matrix Reloaded** (titolo originale *The Matrix Reloaded*) è un film di fantascienza del 2003 scritto e diretto da Lana e Andy Wachowski.

Significa che un ragazzo annoiato non sta facendo nulla per la maggior parte del tempo. E non è una situazione piacevole, ci fa stare male. Ci sentiamo annoiati perché non sappiamo che cosa fare, perché non stiamo facendo nulla. Se stessimo facendo qualcosa potremmo essere arrabbiati perché non era quello ciò che volevamo fare per esempio, ma non saremmo annoiati, giusto? Quindi l'essere annoiati ha a che vedere con il non far niente, e pensando che per fare qualsiasi cosa dobbiamo fare fatica (anche camminare o respirare costa fatica, seppur poca), potremmo dire che annoiarsi ha proprio a che vedere con il non fare fatica...

Ma facciamo un piccolo passo in più, anche se questo discorso non calzerebbe bene ad un adolescente in senso stretto ma starebbe meglio addosso ad un ragazzo un po' più cresciuto: anche svolgere un lavoro che non ci piace, un lavoro che non rispecchia realmente ciò che siamo può farci annoiare. Quindi è un po' come se il nostro corpo lavorasse, ma la nostra testa fosse altrove, perciò non stiamo "realmente" facendo fatica.
Detta meglio, non siamo NOI a fare fatica, non ci stiamo mettendo noi stessi in quello che facciamo, non ci sentiamo parte di quello che facciamo. È come se il corpo facesse fatica, ma il nostro vero io, no.

E sempre di più nei ragazzi vediamo proprio questo aspetto del non far niente, o meglio, li vediamo passare del tempo a "farsi fare qualcosa", non a farla.
Mi è capitato spesso di discutere con dei genitori riguardo l'acquisto di uno strumento per il proprio figlio, e alcune risposte sono state paralizzanti. Il costo di una chitarra elettrica da studio paragonato ad un telefono touch ultimo

modello è davvero ridicolo, ma non di rado ho sentito
"stiamo valutando se impegnarci in questa spesa" quando il
giorno dopo il ragazzo arriva con un telefono che costa quasi
quanto uno stipendio medio di un lavoratore.
Pazzesco. Non per il costo o per la scelta, ma per le
implicazioni che stanno dietro questa scelta.
Ormai tutti hanno un cellulare (che oramai si è trasformato in
un'astronave più che in un telefono), e tutti navigano in
internet regolarmente.
Ma cosa si fa in internet?
Fondamentalmente non si sa, ci si passa un sacco di tempo,
ma non si sa bene a far che...ci sono i social, dove informiamo
il mondo intero dei nostri voti a scuola o dove insultiamo la
gente per un commento negativo lasciato su una nostra foto,
ci scattiamo i selfie con il gatto, commentiamo le foto della
nostra migliore amica che in realtà non possiamo proprio
vedere, e cose del genere.
La maggior parte del tempo usiamo il telefono come radio: lo
accendiamo e sentiamo quello che gli altri hanno da dire
(quando non siamo impegnati a scrivere cose inutili o senza
senso al mondo intero). Piuttosto che sparare al mondo cose
inutili, poco intelligenti ed aumentare così il volume di
informazioni in circolazione per il solo gusto di dire qualcosa,
forse è meglio ascoltare cose prodotte da altri. Ma dire "è
meglio" è fuorviante, sarebbe meglio dire "meno peggio": in
quello che sentiamo o guardiamo non centriamo molto, noi
siamo spettatori, e tante volte lo siamo pure in modo
distratto. Non ci fermiamo ad ascoltare della buona musica e
a goderci il momento, mettiamo su le cuffie ad un volume
allucinante mentre prendiamo l'autobus pensando a tutt'altro.
La musica serve come barriera, come filtro, come sottofondo
ad altre operazioni che stiamo svolgendo.

Quindi non ascoltiamo in modo attento, non facciamo davvero parte di quel momento, siamo lì per caso per così dire, ci stiamo "lasciando suonare" da quello che c'è intorno. Passare per questa fase durante la vita è umano, rimanerci però non è sano.

Un telefono costoso ci farà sentire la musica più forte o vedere video più belli, ma lo farebbe con o senza di noi. La nostra presenza non è richiesta.

Con la chitarra non possiamo permettercelo: anche la chitarra più costosa e bella non suona senza di noi.

La musica siamo noi, non siamo più solo spettatori. O meglio, siamo al tempo stesso spettatori, motivo, scopo e mezzo. Qualcosa di fantastico!

Ma è qui che nasce il vero problema: pur comprando una buonissima chitarra non avremmo risolto il problema, dobbiamo metterci noi stessi, metterci il nostro impegno affinché qualcosa accada. Ma non basta nemmeno quello: per far accadere qualcosa che a noi piaccia è necessario addirittura un pochino di impegno in più.

È tutto nelle nostre mani, non dipende dagli oggetti che compriamo, dipende dall'impegno e dalla volontà che ci mettiamo.

La chitarra non ci permette di "non esserci", di non essere i veri protagonisti di quello che suoniamo, al contrario di uno smartphone che nemmeno si accorge della nostra presenza.

Già, ripensandoci un telefono è più comodo, non ci sono dubbi.

MIO FIGLIO HA DIRITTO

Questa è una frase che ho sentito spesso nei corridoi delle scuole, e soprattutto nelle scuole di musica. Sembra una frase sacrosanta e innocua, ma purtroppo spesso è utilizzata in modi discutibili e molto poco utili, specie nei confronti del figlio in questione.

Da sempre si utilizza la parola "diritto" insieme alla parola "dovere", però ultimamente la seconda è passata un po' di moda.

A scuola si sa che non sia poi così bello andarci, ma alla scuola classificata "dell'obbligo" non si può scampare. Per di lì dobbiamo passare tutti, anche se un po' contro voglia. È pur sempre per il nostro bene, ma nel momento in cui ci troviamo dietro i banchi facciamo fatica a vederla proprio in questo modo! Andremmo volentieri da un'altra parte piuttosto che rimanere lì a studiare storia. Quindi ce la

mettiamo via e andiamo a scuola, con in nostri alti e bassi.
Forse crescendo ci accorgeremo di quanto davvero sia stato
utile quel percorso, e dovremmo ringraziare i nostri genitori e
i nostri insegnanti per averci dato la possibilità di viverlo.
Comunque sia andata, siamo stati costretti ad andare a scuola,
non potevamo dire di no.

Una volta un'insufficienza era un fatto gravissimo, l'essere
rimandati ancora peggio. Una sospensione praticamente era
una condanna alla sedia elettrica. Oggi però siamo piombati
dall'altra parte della strada: ora avere due insufficienze è
normale, nessuno si scompone più. Dover riparare a
settembre in alcune materie è una prassi per circa il 30%
degli studenti fino alla fine del ciclo delle scuole medie
superiori. Non è poco.

Via via abbiamo assimilato un concetto molto pericoloso:
"devo andarci, quindi, se anche non faccio nulla non possono
mica lasciarmi a casa, e quindi perché impegnarmi al massimo
in quello che faccio? Tanto a casa non vado". È drammatico,
ma sono racconti tratti da storie vere. È molto difficile uscire
da una condizione simile: l'unica ragione per impegnarti, per
fare del tuo meglio sei proprio tu! Non c'entra obbligo o non
obbligo, centri tu! Se non ci fosse una legge (tralasciamo il
triste argomento leggi) che dice di non rubare, tu non lo
dovresti fare ugualmente, e non dovresti farlo per rispetto
verso gli altri e verso te stesso! Se rubi a qualcuno stai
derubando te stesso!
Quando ero piccolo, alcuni articoli della legge scout
recitavano così: "lo scout è leale" , "lo scout ritiene suo onore
meritare fiducia". Io non sono scout, ma ho sempre visto

questi articoli come consigli per la vita di tutti. Parole molto semplici, ma molto intense.

Essere leali, non barare o fare i furbetti, rispettare noi e chi ci sta intorno. La seconda frase è ancora più interessante: ritenere nostro onore qualcuno scelga di fidarsi di noi. Il nostro operato e il nostro modo di essere sarà tale da renderci onorati se qualcuno si fiderà di noi. Va da sé che per far sì che qualcuno si fidi di noi, dovremmo essere leali! E l'unico modo per renderlo possibile è prendere con moltissima serietà il nostro modo di comportarci verso noi stessi e verso gli altri.

Torniamo un attimo alla scuola.

C'è compito di matematica e non ho studiato.

Perché non hai studiato? Non puoi fregartene, per rispetto tuo e degli altri. Sapevi che c'era compito, e prendendola seriamente avresti studiato, anche se è faticoso. Avresti studiato perché sei leale, giochi secondo le regole ed aiuti gli altri a fare lo stesso.

Non faresti mai un bigliettino, perché sei leale. E ritieni tuo onore meritare fiducia, non tradiresti mai questa fiducia e giocheresti secondo le regole! Non faresti mai cadere i tuoi compagni durante una corsa o non truccheresti mai una sfida, di qualsiasi tipo sia. Tutto questo perché sei leale.

Alle superiori in un paio di occasioni avevo preparato dei bigliettini a casa, ci ho provato (che alunno sarei stato altrimenti?), ma arrivato a scuola non li ho usati. L'idea di usarli mi dava fastidio. Volevo farcela io, volevo riuscirci, usare i bigliettini sarebbe stata una mancanza di stile, una mancanza di lealtà. Non li ho mai usati.

Per lo stesso motivo non ho mai bruciato un giorno di lezione in vita mia. Ho affrontato discussioni con alcuni insegnanti (che scuola sarebbe stata altrimenti?) e ho avuto da ridire quando era il momento, ma non ho mai barato.

Un gruppo di persone in cui tutti barano, non è un gruppo di amici.

Anche perché, parliamoci chiaro, se non mi credi, se non credi a quello che dico perché sai che sono uno che bara e imbroglia, perché staresti a parlare con me? Tanto non crederesti a quello che ho da dire, quindi tu a tua volta faresti finta di ascoltarmi e di parlarmi, tanto io non credo a te e tu non credi a me.

Non male, no?

Torniamo ancora più indietro alla nostra scuola di musica. Non si parla di scuola dell'obbligo, quindi non sei obbligato a venire, ma vuoi venire, hai scelto di venire. Suonare è bellissimo, ma come già detto qua e là, costa fatica. Capita che qualche allievo abbia un periodo no, un periodo in cui le cose proprio non vengono. È normale.

Ma non riuscire perché seppur comportandosi bene e impegnandosi ci è ancora difficile mettere bene le mani sullo strumento è un conto (continuando sulla strada giusta i risultati arriveranno senza dubbio!), non riuscire perché si guarda in alto è un altro.

Avendo riscontrato problemi di vario tipo, anche in situazioni particolari, dove è chiaro che un allievo proprio non ha intenzione di suonare, mi sono sentito dire più di qualche volta "mio figlio ha diritto a fare lezione, io pago e quindi ho diritto". Giusto, ma ci siamo dimenticati di un particolare: il dovere.

Riadattando le parole di Coach Carter[7]: "Suonare è un privilegio. Se si vuole suonare queste sono delle semplici regole da seguire per godere di questo privilegio." Ed è proprio così, suonare è un privilegio. Comportarsi bene, impegnarsi, essere leali, metterci del proprio sono delle semplicissime regole per godere di questo privilegio.

Non significa che "devi arrivare a saper suonare questo, altrimenti non conti niente", anzi. Significa che devi impegnarti, devi metterci del tuo! Se ti comporti bene i risultati arrivano! E arriveranno i risultati che vanno bene per te, che saranno potenzialmente diversi da quelli che andranno bene ad altri. Non suoneremo mai tutti lo stesso genere musicale, tantomeno nello stesso modo, no?

Per parcheggiare un figlio in nome dei soldi ci sono le babysitter. Una babysitter è uno standby, è uno stato in cui ancora una volta un figlio può fare come gli pare perché io genitore ti pago, o peggio ancora decido di non pagarti perché non sei stato capace di farti ascoltare da mio figlio. Imboccata questa via è davvero l'inizio della fine. Un figlio non potrà mai più ascoltare. Ha capito che lui ha diritto. Cambierà scuola di musica, cambierà babysitter, cambierà molte cose, ma avrà fissa l'idea di avere diritto. E sembra essere un'idea corretta.

Purtroppo realmente non è così. Loro saranno convinti di avere diritto, tutto il mondo che gli sta intorno li avrà convinti di avere diritto, ma non saranno mai stati faccia a faccia con il dovere. Non saranno completi, saranno a metà, e non avranno

---

[7] **Coach Carter** è il protagonista dell'omonimo film del 2005 diretto da Thomas Carter e interpretato da Samuel L. Jackson. Il film è tratto da una storia vera.

nemmeno le armi per poter capire questa loro condizione di stallo.

Si troveranno sulla strada del fallimento senza saperlo, e saremmo stati noi a metterli su quella strada.

La musica insegna, ma ci insegna a vivere, non a suonare.

INSIEME

"Insieme" è una parola che in musica è molto ricorrente. E soprattutto, quell' "insieme" relaziona molti concetti al tempo.

Questa è la parola magica: tempo.

Nessuno saprebbe definire il tempo, ma tutti ne abbiamo coscienza. Il tempo è intorno a noi, è dentro di noi, siamo noi. Non è semplice, ma noi non siamo quelli che eravamo ieri, e non siamo quelli che saremo domani. Molto simili forse, ma non siamo la stessa cosa.

Siamo immersi in una grande vasca (che potremmo chiamare vita) riempita di tempo. Non possiamo muoverci se non nel tempo, attraverso il tempo. Forse la nostra mente può muoversi svincolata da quell'idea, anche se parlare di "per sempre" o "eternità" introduce già l'idea di tempo. Noi siamo nati nel tempo, e immaginare una situazione senza tempo non è facile. Se anche potessimo farlo con il pensiero, il resto di noi non potrebbe: Il corpo segue le regole del tempo, cresce, invecchia, si modifica. A questo non si scampa. L'unico modo per avere delle relazioni con gli altri, con altre persone, è il tempo. Possiamo comunicare l'uno con l'altro solo se ci troviamo tutti e due nello stesso luogo e nello stesso momento!

I potenti mezzi telematici ci danno una mano, ma il concetto è sempre lo stesso: una telefonata ci tiene lontani con il corpo, ma ci fa interagire e avvicinare con le parole. Siamo comunque vicini, e non è una conversazione a senso unico. Prima parlo io, poi parli tu, e in base alle successive parole di ognuno dei due, cambierà la risposta dell'altro, e viceversa. Leggere Dante è fantastico, ma non stiamo comunicando con lui, stiamo interpretando quello che voleva dire quando scrisse quelle pagine, ma non stiamo "comunicando"... non possiamo sapere come la pensasse mentre scriveva, come andava la sua vita in quel periodo, non possiamo vedere un suo sguardo o porgli delle domande. Possiamo interpretare, immaginare... e queste sono cose che facciamo fondamentalmente da soli, con mille spunti per immaginare, mille suggerimenti, mille idee, ma pur sempre da soli.

In musica mi è sempre piaciuta la parola *accordo*.

Un suono solo lo chiamiamo nota. Se suoniamo una nota alla volta diventerebbe una scala, e potremmo immaginarcela proprio come una scala in cui le note sono i nostri gradini, ma quando queste note (che di per sé restano le stesse) vengono suonate insieme, diventa un accordo.

Addirittura, per il fatto di essere suonate nello stesso momento, cambiano nome! Ogni singola nota non perde il suo nome proprio, ma tutte insieme lasciano spazio ad un nuovo nome, un nome più alto: diventano tutte parte di un accordo.

È fantastico.

A scuola, c'era chi per studiare storia ci metteva un'ora, chi invece due pomeriggi, ma alla fine, a prescindere dal tempo, entrambi conoscevano quelle righe scritte nel libro, avevano acquisito quelle nozioni, ciascuno con il suo metodo e con il suo tempo. Il risultato finale è lo stesso: entrambi sappiamo, pur avendo utilizzato un metodo diverso e avendo affrontato un percorso diverso.

In musica... no.

O meglio sì, ognuno è diverso, e il metodo con cui si imparano le cose è soggettivo, ma in musica il punto di arrivo è diverso: lo scopo del gioco è riuscire a suonare un brano, un passaggio... a tempo! Eccolo qui, il tempo! Senza il tempo non ci sarebbe musica. L'ordine dei suoni che sentiamo è dato dal tempo, un brano ci sembra disordinato o confusionario quando ritmicamente qualcosa non funziona. Se suonassimo un accordo sbagliato ma ritmicamente giusto, in pochi ci farebbero davvero caso; se al contrario suonassimo una sequenza di accordi corretta, ma ritmicamente traballante, sembrerebbe uno schifo a chiunque.

Che io sia un insegnante o un allievo, che studi da molto o da poco, quando quel brano suona "giusto", lo staremmo eseguendo entrambi alla stessa velocità, con lo stesso tempo. Una persona può aver finito una tesina in 40 giorni e un'altra in 4 ore scopiazzando da internet, ma alla fine saremmo arrivati entrambi allo stesso risultato, ognuno con il proprio metodo. Sembra.

In musica risulta più chiaro: suonando insieme, tutti e due stiamo suonando quello stesso pezzo musicale nello stesso

46

tempo. Non stiamo "barando", non ci sarebbe possibile, stiamo facendo la stessa fatica!

La fatica è soggettiva ma è un concetto che rende bene l'idea: se io faccio meno fatica a suonare questo brano, è perché ne ho già fatta di più per suonare un pezzo più difficile. Ma anche io ho fatto quella stessa tua fatica almeno una volta, ci sono stato costretto, altrimenti non saprei suonare!

Si sente dire anche che qualche ragazzo sia portato nel suonare uno strumento, e che quindi ci impiegherà meno a suonare alcuni frammenti musicali. Ed è vero, c'è chi riesce con più facilità, ma nessuno dice "ad arrivare fin dove". C'è una soglia a cui tutti riusciamo ad arrivare con facilità, senza problemi e senza dover fare allenamenti mastodontici per mani, tendini, muscoli ecc.

C'è, ma non è una soglia altissima, anzi.

La musica è equa da questo punto di vista. I più grandi chitarristi del mondo (ma ovviamente tutti i bravi musicisti) si sono impegnati moltissimo, hanno continuato per anni a studiare a metronomo restando concentrati senza mai mollare. Nessuno si è svegliato la mattina conoscendo già tutti i segreti della musica.

Ma è ancora più bello pensare ad un altro aspetto del tempo: non vince chi arriva prima. Quanta fatica abbiamo fatto per suonare le semiminime[8] a tempo su una base o con un metronomo. Arrivavamo sempre o prima o dopo, non c'era verso! Un po' alla volta però abbiamo interiorizzato il tempo, e pian piano siamo riusciti a suonare a tempo anche senza

---

[8] Figura musicale del valore di un quarto.

metronomo. Il tempo era lì, è sempre stato lì, ma non abbiamo più bisogno di un marcatore, di un oggetto che ci aiuti a percepire il "quando". Quel "quando" è diventato parte di noi, ci appartiene. Non ragioniamo più pensando anche al tempo, quello fluisce da solo, è parte di noi, come una gamba o una mano.

Ed è lì la magia: arrivare giusti.

Sentire qualche suono arrivare prima o dopo è brutto, non ci piace, ci mette confusione, non è armonioso. Quante volte abbiamo sentito dire in ambiti non musicali "questa cosa non mi suona bene". Magari lo abbiamo sentito come commento riguardo una situazione non legata alla musica, nella quale gli "ingredienti" fossero tutti presenti, ma non posizionati bene, non ordinati, non armoniosi.

Arrivare prima di tutti può sembrare carino, ma non lo è in senso stretto. Non è quello il fine, non è quello che dobbiamo inseguire.

CI VUOLE TEMPO

Quante volte abbiamo detto la frase "ci vuole tempo"? Per tutto ci vuole tempo. Ci vuole tempo per studiare, per lavorare, per andare in montagna, per fare la lavatrice, per costruire una casa... ci vuole tempo, non sono aspetti della vita realmente istantanei. Sembra quasi un particolare negativo: se per preparare una lavatrice ci volessero due secondi sarebbe fantastico, no? Se in un secondo avessimo imparato per bene cento pagine di storia non sarebbe magnifico?

Si, lo sarebbe! ma non del tutto.

Il tempo (per quanto nessuno possa dire o spiegare cosa sia in modo esaustivo) non è un'unità di misura, non è un mezzo per misurare qualcos'altro, il tempo semplicemente "è", è una "cosa" che c'è!

Sarebbe bello acquisire delle conoscenze millenarie in un secondo, ma non si può. Questo perché il tempo è un ingrediente della nostra conoscenza, di noi! Non lo si può prendere in pillole, ma va preso un po' alla volta, per quello ci vuole tempo!
Sembra un gioco di parole, ma non sono solo parole, e non è affatto un gioco.

Immaginiamolo come un rubinetto aperto: per avere un litro di acqua nella pentola devo stare sotto quel rubinetto finché non si sarà riempita completamente. La velocità con la quale si riempirà la pentola dipende dalla velocità con cui uscirà l'acqua, e quella può variare a seconda della casa in cui ci troviamo. Ma dato quel singolo rubinetto avrò bisogno di tot tempo perché la pentola sia piena. Non posso fare prima.
Quindi studiando storia, non sto semplicemente imparando a memoria qualche avvenimento, sto cambiando, io sto diventando qualcos'altro per il fatto stesso di leggere quelle righe. Farò pensieri, mi verrà in mente qualcosa, per quanto poco cambierò rispetto a quello che ero prima.
Il tempo è un ingrediente, forse il più importante.
Senza tempo non cresceremmo, non diventeremmo qualcos'altro rispetto a ciò che eravamo. Anzi, senza tempo non potremmo nemmeno parlare di prima e dopo!
Fare tutto subito sembra fantastico, ma annullerebbe proprio noi stessi.

In musica possiamo studiare tutta la teoria, avere un libro nel cassetto con scritte all'interno tutte le informazioni che ci servirebbero per suonare e per parlare il linguaggio degli altri musicisti, conoscere le note, conoscere il modo migliore per incastrare accordi tra loro... e quella conoscenza è "fuori dal tempo". Quelle informazioni restano lì, scritte, ferme, sia nello spazio che nel tempo. Ma in quel modo sono inutili. Quella non è musica, seppur all'interno di quel libro siano riportate informazioni che parlano di musica. Per fare musica ci vuole tempo, dobbiamo organizzare i suoni nel tempo! Se suonassimo tutte le note che compongono un brano in un solo attimo, tutte contemporaneamente, farebbe schifo, anche se a tutti gli effetti le avremmo suonante tutte. SEMBRA che gli ingredienti di quel brano ci siano tutti, tutte le note sono lì! Ma abbiamo dimenticato l'ingrediente più importante, il tempo.

Il libro sta lì, non cambia, sotto sotto è come non ci fosse, non esistesse. Ci rendiamo conto della sua presenza nel momento in cui usiamo del tempo per leggerlo, per imparare, allora il tempo che passiamo con il libro fa cambiare anche noi.
Ecco qua! Il tempo che passiamo con lui.
Quante volte diciamo di voler stare con qualcuno, di sentirci soli o cose del genere? Apparentemente sono due cose simili, ma le parole sono diverse e lasciano intravedere concetti molto diversi tra loro.
Sentirci soli è qualcosa che sentiamo, di cui ci accorgiamo, come quando sentiamo di avere freddo una volta arrivato l'inverno. Non ci fa molto piacere, non ci fa stare bene, ma utilizzando quelle parole stiamo già immaginando di non poterci fare niente. È come se fosse una semplice constatazione: è freddo. Poi ci diciamo anche "è inverno, perciò fa freddo", quindi ci diamo una motivazione e al tempo stesso un giustificazione per il nostro aver freddo.
Basta che anche il nostro vicino di casa dica "senti che freddo che fa" e saremmo ancora più convinti della situazione e della nostra impotenza di fronte ad essa.

Voler stare con qualcuno invece no, quella è una frase propositiva, vorremmo noi stessi fare qualcosa, quindi per quanto poco, dovremmo fare fatica per poterla realizzare. Eccola qui anche lei, la fatica!

Senza fatica non saremmo mai felici, constatare il freddo non ci farà star bene dove siamo, e neppure dirci che "è inverno" ci farà stare tanto meglio. Non ci stiamo mettendo niente di nostro dentro questa affermazione. Il freddo è lì, noi non centriamo nulla! Il freddo ci sarebbe anche se noi non ci fossimo.

Costruire un pupazzo di neve insieme è bello, ci divertiamo e passiamo una bella giornata. Ricapitolando: abbiamo deciso di fare fatica per realizzare un pupazzo di neve, e mentre lo facciamo il freddo c'è ancora, ma noi lo percepiamo in modo diverso, ci muoviamo attraverso il freddo. Il freddo diventa un accessorio della situazione che stiamo vivendo. Noi ci stiamo divertendo, e freddo o non freddo, ci divertiremmo ugualmente!

Sentirsi soli è sempre possibile, e potrebbe anche accadere in mezzo a mille persone, non farebbe alcuna differenza. Il problema non è avere la casa piena di libri o averne uno solo, è decidere di stare del tempo a leggere. Riecco qui anche il tempo: se decidiamo di leggere un libro, passiamo del tempo a leggere, è quello che ci fa stare bene! Stare con qualcuno significa passare del tempo con qualcuno!

Avere una fidanzata, e con lei parlare solo cinque minuti a settimana non è bello. Eppure potremmo dire di essere fidanzati con lei, no? Sì, ma non c'entra, noi vorremmo stare con lei, passare del tempo con lei. Se potessimo condensare tutte le novità e i fatti accaduti durante la giornata in un secondo, dopo esserci visti o sentiti per quel secondo

sapremmo tutte le novità della giornata, ma non staremmo bene. Noi vogliamo passare del tempo con lei, a parlare di quello che è successo, a discutere di mille cose, a restare abbracciati, o magari anche a far baruffa.
Semplicemente ad esserci. E per esserci ci vuole tempo, dobbiamo passare del tempo insieme, e sotto sotto è quello che ci fa stare bene.
Noi siamo nati nel tempo, e viviamo nel tempo. Il tempo è una parte di noi. Non possiamo dimenticarcene.
Dimenticheremmo anche noi stessi.

NO PAIN, NO GAIN

Questa è una frase davvero antichissima.
Io ricordo di averla sentita in un video di Frank Gambale[9], un chitarrista e didatta conosciuto per lo speed picking, la cui parte finale recitava: "one of the true statements ever made was no pain no gain". Qualcosa come "una della frasi più vere mai pronunciate è: non c'è progresso senza fatica", ed aveva ragione.
Ho in mente molti grandi chitarristi (che suonano davvero bene): tutti hanno passato ore, giorni e mesi in compagnia di metronomi, esercizi, e determinazione.
In questo la musica è equa: più dai, più hai.
Se per tre anni hai praticato sullo strumento a metronomo, senza sgarrare, sei diventato bravo davvero! Non è come una

[9] **Frank Gambale**, *Chopbuilder*, 1994, edizioni REH.

tesina copiata da internet, tu sei CAPACE, tu riesci a suonare a metronomo, ormai quell'abilità fa parte di te.
Sei migliorato, sei cambiato, e nessuno può portartelo via. Ma sei migliorato per il fatto stesso di aver fatto fatica, senza la fatica, non saresti migliorato.
Sì, saresti arrivato alla soglia cui tutti arrivano, ma ti saresti fermato. È grazie alla tua fatica che hai visto dei miglioramenti su di te, ed è grazie alla fatica che puoi dare il vero peso alle cose che vedi.
Se ogni giorno continui ad allenarti con Supereserizi[10] e Ditones[11], sai bene quanta fatica costi decidere di suonarli tutti i giorni, quanto sia difficile rimanere concentrati tra impegni, problemi, e qualsiasi altro imprevisto di tutti i giorni. Lo sai perché l'hai fatto, e siccome sei testardo continui anche a farlo. Così, quando guardi un allievo che finalmente riesce a suonare bene un esercizio, sai bene quanto bravo è stato e sai capire quanta fatica ci sia voluta, solamente perché sei stato tu a compiere quella fatica prima di lui!
Altrimenti non sapresti dare un peso a quella sua riuscita.
Sentiresti quattro note ma non sapresti quanto lavoro c'è stato dietro, quanta fatica e quanta costanza.

Tutta la vita è più o meno uguale, funziona allo stesso modo. Guardare qualcuno tirare su un muro, saldare due cavi, aggiustare una macchina, progettare una scala a chiocciola, vederlo guardare da lontano una colonna e dire già che per il peso che dovrà sostenere è sottodimensionata, o

---

[10] Esercizi per la coordinazione delle dita contenuti nel libro **Tecnica Razionale** di *Massimo Varini*, edizioni Carish.

[11] Esercizi tecnici contenuti nell'omonimo metodo di tecnica chitarristica della *Rock Guitar Academy*, edizioni Volontè & Co.

semplicemente vederlo guardare fuori e dire "meglio che facciamo presto, tra un'oretta piove", è semplice, ma solo avendo fatto fatica capiamo quanto siano davvero brave quelle persone, quanto ci stiano mettendo del loro e quanta fatica abbiano fatto a loro volta.

La vera chiave per capire il mondo non è l'amore, quello è un catalizzatore se vogliamo (o forse è la benzina, il carburante che fa andare avanti il mondo), ma la vera chiave per comprenderlo è la fatica. Fatica intesa come nostra fatica, metterci del nostro, non rimanere a guardare, ma fare, fare del nostro meglio, migliorarci, aiutarci a vicenda per rendere ogni momento migliore.
Ci viene spontaneo fidarci di qualcuno che si comporta in un modo che noi reputiamo buono, perché sentiamo a pelle che ci sta mettendo del proprio, crede in quello che fa. E per poter fare ciò, lui avrà fatto fatica, e quando c'è di mezzo la fatica non si scherza. Non si prende in giro la gente quando c'è di mezzo l'aver fatto fatica.
Nessuno sportivo serio prenderebbe in giro un qualsiasi dilettante o amatore alle prime armi, ma gli darebbe un consiglio su come potersi migliorare. Nessuno che veramente ha faticato prenderebbe in giro un'altra persona intenta ad impegnarsi nella stessa fatica, proprio perché sa bene quanta ne abbia fatta lui stesso.

Chiaramente le battute ci sono sempre state, ma sono battute, non sono prese in giro: sono spirito di squadra, sono parte dello stare insieme. Senza battute non si sta insieme, a nessun livello.
Prendere in giro è il contrario. È non rispettare la fatica degli altri, è allontanamento, è tutta un'altra cosa. Nella battuta non

c'è cattiveria, nella presa in giro sì: la battuta è condivisa, fa piacere a tutti e due farsi una risata; la presa in giro è a senso unico, fa piacere da una parte sola, se poi potessimo parlare davvero di piacere.

Chi ha faticato conosce la fatica, non l'ha letta sui libri, quella la conosce DAVVERO. Si sarà impegnato per riuscire nella sua attività, di qualsiasi cosa si tratti, sia essa professionale o amatoriale, non fa differenza. Si sarà migliorato, avrà sbagliato ed avrà capito i motivi dei suoi sbagli per non commetterli di nuovo, e quindi ora parlando del suo lavoro parlerà con autorità.
Altra grande parola, autorità.

AUTORITA'?

Spesso utilizziamo questa parola in modo strano. "Autorità" sembra un attributo riferito a chi comanda, a chi detta legge e detiene il potere, a chi si fa ascoltare, a chi prende le decisioni.

Non proprio.

Anche nella Bibbia troviamo un passaggio interessante in cui leggiamo "parlava con autorità", e ricordo di averci pensato molto, non riuscivo a capirne il significato. Ci ho messo davvero un bel po'.

L'autorità non è da AVERE, è qualcosa da ESSERE.

A volte un verbo cambia la vita.

Non posso avere autorità, non è un oggetto, non posso comprarla, non sono i soldi o l'urlare più forte che servirà a farmi guadagnare punti in ambito di autorità.

Qualcuno potrebbe seguire quello che dico per paura, per soldi, per legge, ma non centrerebbe nulla con l'autorità. Semplicemente qualcuno starà facendo quello che dico, starà seguendo delle mie direttive, tutto qui. "Vai lì!" , e lui va. Ma questo non c'entra con l'autorità.

L'autorità viene da dentro di noi, ma si rispecchia fuori, come succede per una stella. Quando una stella nasce, al suo interno accadono azioni e reazioni molto complicate e imponenti. Come risultato, da fuori vediamo una luce stupenda, vediamo uno splendore di fronte al quale tutti direbbero "è una stella!", intendendo dire di aver visto qualcosa di bello.

Guardando in cielo tutti gli uomini sono sempre stati affascinati dalle stelle. Le stelle non comandano, non urlano, non dettano leggi. Loro semplicemente risplendono, dal loro interno risplendono. E risplendono così tanto da indurre anche noi a guardarle, a rivolgerci a loro. Non ci obbligano in alcun modo a guardarle o meno, possiamo benissimo decidere di ignorarle, ma a noi piace guardarle, perché percepiamo che c'è del bello, che c'è qualcosa di speciale, e quindi ci fermiamo davanti a loro.

Di solito guardare le stelle ci fa pensare a noi stessi, ci fa pensare a tutte quelle cose che avvengono dentro di noi, al nostro comportamento, al nostro essere. Quindi guardando le stelle stiamo guardando dentro di noi. E una stella non ha mai alzato la voce. Vedendola splendere sappiamo che lì sta succedendo qualcosa, ed è proprio la presenza di quel qualcosa che fa scattare una molla dentro di noi, che ci fa pensare, che ci fa star bene. La sua presenza. È fantastico. Il fatto stesso che la stella ci sia, e che al suo interno avvengano quelle particolari reazioni, manda un segnale forte e chiaro a tutti, che a loro volta saranno spinti a pensare loro stessi.

È un invito a splendere, è un invito a far muovere dentro di noi quello che ci sembra giusto, quello che ci renderebbe felici, quello che ci rappresenta. In questo modo, anche noi splenderemmo, senza urlare o senza far rumore, anche noi lanceremmo un segnale a tutte le persone che ci stanno intorno. Una persona che splende dà inconsciamente la possibilità a tutte le altre di fare a loro volta lo stesso.

È una mano tesa, non è una briglia tirata.

Questo è l'autorità, una mano tesa.

Chiunque parla con autorità lo fa perché per primo ha fatto fatica, perché un percorso di fatica e determinazione lo ha condotto dov'è ora, perché crede in quello che fa, perché rispetta se stesso e gli altri, perché mette davvero se stesso in quello che fa.

Anche se parlassimo con persone che non conosciamo e per giunta intrattenessimo una conversazione in un ambito che non ci compete (nessuno è esperto in tutto), tutti noi sentiremo quale di quelle persone starebbe realmente parlando con autorità e chi starebbe solo utilizzando belle parole buttate a casaccio.

Le parole sono un mezzo, l'autorità è ESSERE.

Ed è il parlare con autorità che rende possibile qualcuno ci ascolti davvero, come le stelle.

Il vero ascolto non si pratica con le orecchie: possiamo sentire molte cose senza orecchie. "Sentire" è qualcosa di più. È quello il motivo per il quale in alcune situazioni siamo a nostro agio e in altre no: "sentiamo" qualcosa di diverso. Ci facciamo guidare da qualcosa che non riusciamo a spiegare bene, ma sentiamo.

Chi starà ascoltando una stella, sotto sotto starà ascoltando se stesso.

L'autorità è una mano tesa.

La mano tesa è un invito, un invito a risplendere.

E per risplendere ci vuole fatica, di qualsiasi tipo.

LA VITA E' TUTTA UN FILM

Prima o poi siamo andati tutti al cinema, o da soli o in compagnia. Andiamo al cinema per vedere uno spettacolo, e il motivo per cui lo facciamo è diverso, per questo scegliamo spettacoli diversi.
Un giorno andiamo a vedere uno spettacolo comico, ma non comico nel senso antico del termine. Immaginiamo i film che solitamente troviamo nelle sale durante le vacanze natalizie. Fanno ridere, ma sono risate molto semplici, sentiamo una parolaccia o un doppio senso banale e si ride. Quei film servono per farsi una risata come se fossimo al bar, senza pensarci troppo. Alle volte senza nemmeno pensarci. Quando usciamo dal cinema siamo sostanzialmente gli stessi di prima, abbiamo riso qua e là, scherzato anche in sala, e poi tutti a casa.

A volte invece guardiamo un film diverso, con una trama più ingarbugliata, o con attori che vestono i panni di agenti segreti, o qualsiasi altro ruolo che ci attiri.

Queste due proposte sono molto diverse, e hanno un aspetto che le distingue in modo sostanziale: il primo spettacolo è palesemente "finto", ridiamo ma sappiamo che nulla di quello che vediamo potrebbe mai essere reale, non è una visione verosimile della vita, e ridiamo proprio per quel motivo. Vedere una persona cadere e farsi male non fa ridere, anzi ci preoccuperemmo, ma vedendo questa scena in un film comico, ridiamo, proprio perché non lo interpretiamo come vero (immaginiamo la scena in cui Elia e Lisa siedono davanti al televisore[12]), quindi il nostro modo di rapportarci al film è condizionato da questo aspetto: sappiamo che non è vero, stiamo vedendo delle scene che non sono verosimili, quindi ridiamo.

Nel caso della seconda tipologia di film, serie tv o qualsiasi altro tipo di spettacolo, il discorso è differente.

Il film è verosimile, magari con mille effetti speciali, ma sotto sotto lo interpretiamo come una rappresentazione reale, non una finzione. Ed è per questo che lo guardiamo, perché sembra di vedere attraverso un oblò un pezzo di vita vera. E perché guardiamo da un oblò un pezzo di vita di qualcun altro?

Eccolo lì, questo è il punto: non stiamo guardando la vita di qualcun altro, degli attori o dei personaggi che sono interpretati dagli stessi attori. Stiamo guardando la nostra vita tramite quel film.

---

[12] *Il bisbetico domato* è un film del 1980, scritto e diretto da Castellano e Pipolo, interpretato da Adriano Celentano e Ornella Muti. Il film è una rivisitazione della commedia *La bisbetica domata* di William Shakespeare.

Ogni volta che guardiamo un film e diciamo che ci piace, abbiamo un motivo per dirlo, che ha sempre a che vedere con noi stessi, non con il film. Quando vediamo una storia d'amore che nasce, si evolve, ci sono discussioni e poi si vive felici e contenti, veniamo attirati da questa visione, ci piace guardare questa scena perché è un qualcosa che vorremmo vivere noi, ci piacerebbe accadesse davvero nella nostra vita. E molte cose che vediamo nel film sono sicuramente accadute realmente nella nostra vita o in quella di un amico: una figuraccia di lui, paura di parlare con lei, le amiche che si impicciano... sono tutti aspetti che ci fanno considerare il film come vero, come se stessimo guardando uno scorcio di vita vera. E il motivo per cui lo guardiamo volentieri, per cui affermiamo che il film ci piace, è che per un qualsiasi aspetto presente nel film vorremmo esserci noi all'interno della trama, ci piacerebbe parte di quei fatti accadessero a noi! Noi non stiamo guardando un film, stiamo guardando noi stessi all'interno di un film che vorremmo vivere!

Qualsiasi aspetto che a noi piace, che vorremmo vivere, ci fa considerare il film come un piccolo mattoncino della nostra vita, di come potremmo e vorremmo essere, per quello lo guardiamo. Altrimenti ci apparirebbe come un film noioso o poco interessante.

Pretty woman[13] è un film che ha fatto la storia, tutti avrebbero voluto sentirsi nei panni degli attori per poter vivere alcuni passaggi presenti nella trama: chi nei panni di una ragazza che diventa una donna e vive una vita da sogno con un uomo stupendo, chi nei panni di un uomo che pensava solo al

---

[13] **Pretty Woman** è un film del 1990, diretto da Garry Marshall, interpretato da Richard Gere e Julia Roberts.

lavoro e incontrando una donna speciale inizia a vivere davvero.

Ognuno è attirato da aspetti diversi di un film, a seconda delle proprie esperienze di vita, della propria età, della propria situazione sentimentale, del proprio essere. Tutti i film che funzionano parlano in realtà di noi, siamo noi ad attribuirgli un valore scegliendo di immaginare noi stessi come parte del film, immaginandoci come personaggi che vivono in prima persona quella storia che a noi piace.

Un film che tratta di supereroi arricchito di mille effetti speciali è carino da guardare, è moderno e ci attira anche per la tecnologia utilizzata nelle immagini e nelle riprese, ma quello che ci piace davvero è una parte di quello che vediamo dentro il film: un modo di comportarsi di un personaggio, una storia che vorremmo vivere noi stessi, un bell'incontro che vorremmo capitasse a noi, un fallimento seguito da un grande successo.

Potremmo parlare di mille altre cose, ma il senso sarebbe sempre lo stesso.

Ognuno di noi sceglie cosa guardare in un film in base a come è lui stesso. I film non parlano dei film, i film parlano di noi. Siamo noi stessi a farli parlare di noi: se non ci fossimo noi, non esisterebbero i film.

Guardare un film per vederci dentro quello che vogliamo vedere è bello, ci fa stare bene. Ma quella è ancora finzione. Noi abbiamo il potere di scrivere la sceneggiatura del nostro film. Possiamo farlo, dobbiamo farlo.

Dire "sarebbe carino andasse così" è una buona cosa, guardare un film nel quale vediamo accadere ciò che vorremmo per noi stessi è una buona cosa, ma far diventare tutto questo realtà sarebbe forse la cosa più buona di tutte.

UN OBBIETTIVO NON OBBIETTIVO

Una cara amica si è trasferita a Roma, e ora vive con il suo compagno a due passi dal Colosseo.
Sono una coppia bellissima, e guardandoli sembra impossibile si siano incontrate due persone che davvero stanno così bene insieme. È una sensazione strana, ma molto bella, sprigionano felicità! Solamente la loro presenza ci dona qualcosa.
Lui è fotografo. Oltre ad essere una persona stupenda, è anche un bravissimo fotografo.
Quando sono stato a trovarli (e prendo sempre parole perché dovrei farlo più spesso!) abbiamo avuto modo di fare delle bellissime chiacchierate. Ancora non lo conoscevo, ma sentivo che faceva già parte della famiglia di persone da salvare in caso di diluvio universale. Parlando proprio di fotografia,

ricordo un discorso sull'arte di fotografare, su che cosa si veda dentro una fotografia. Tutti partiamo dall'idea che la fotografia sia una rappresentazione fedele della realtà, o comunque una definizione simile.

Tra una risata e l'altra era uscita questa frase: "in una fotografia non si vede la realtà, ma si vede lo stato d'animo di chi sta fotografando".

Come al solito, ci ho messo un po' a capire.

Un fiore nel mezzo di un campo resta sempre un fiore in mezzo ad un campo.

Ma una foto da lontano ci mostrerebbe un fiore solitario, un fiore pieno di solitudine; una foto ravvicinata del fiore con alle spalle il sole può farci pensare alla voglia di risvegliarci; una foto in cui il fiore è preso di striscio può farci pensare alla velocità della vita, carpe diem.

O ancora, una foto con poca luce ci farebbe pensare al buio, la paura. Sono aspetti bellissimi ai quali inconsciamente non pensiamo.

Quello è sempre un fiore, ma quello che vediamo è tutt'altro. "Dipende da che obbiettivo usi". Ecco qua! Obbiettivo è la parola che cercavo, ed è una parola doppiamente magica.

L'obbiettivo è la lente tramite cui guardiamo il mondo, tramite cui lasciamo un'impronta sulla pellicola.

Ciò che resterà impresso dipende dal taglio scelto dal fotografo e dall'obbiettivo utilizzato.

Ogni avvenimento nella vita potrebbe sembrarci grande e insormontabile, ma magari stiamo solamente sbagliando obbiettivo, stiamo guardando quella situazione con occhi sbagliati o non adatti ad osservarla. Anche la scelta dell'angolazione o della luce farà cambiare ciò che resterà impresso sulla pellicola. Con la stessa macchina fotografica e con lo stesso obbiettivo, ogni fotografo lascerà un'impronta

diversa in quella foto, un tocco tutto suo. Quindi le variabili
sono davvero moltissime, e non possiamo immaginare di
vivere la realtà come spettatori: per il fatto stesso di dover
decidere da che punto scattare una foto diventiamo parte
attiva della realtà, diventiamo parte del gioco nel quale siamo
già immersi.

Ma torniamo ancora all'obbiettivo. Quella parola ha un altro
grande significato.
Obbiettivo è un fine, la fine della strada che vorremmo
percorrere. E saremo noi a decidere la nostra strada proprio
in base all'obbiettivo, al nostro obbiettivo, a quello che noi
abbiamo scelto essere la meta che desideriamo.
È fantastico, al tempo stesso l'obbiettivo è una componente
importantissima nel nostro modo di vedere, un aiuto nel
decifrare il mondo che ci sta intorno e nel quale siamo
immersi, ed è contemporaneamente il fine, quello che
vorremmo vedere, dove vorremmo andare, il senso che diamo
alla nostra strada.
Una fotografia parla di noi, non del fiore.
Tutto parla di noi.
Non possiamo vedere la realtà senza obbiettivo, ed è
l'obbiettivo stesso a farci capire in che direzione andare. Ed è
in base a quell'obbiettivo che metteremmo a fuoco una parte
della realtà per lasciarne un'altra sfocata. È una questione di
scelte.
Quindi, i nostri obbiettivi non sono affatto obbiettivi! Non
sono uguali per tutti, e questo vale sia per il nostro "fine" sia
per la nostra "lente". Non esiste vita senza obbiettivi, non
esiste realtà senza scelte. Non possiamo visitare la realtà
seduti in auto sul sedile posteriore.

La realtà esiste se esistiamo noi, se siamo noi a sedere al posto di guida. Abbiamo un potere enorme, sulla nostra vita e su quella di chi ci sta intorno. Spesso crediamo molte soluzioni siano fuori di noi, o peggio ancora siano compito di altri.
La vita siamo noi, nessuno può scattare foto al posto nostro.

IMPROVVISARE

In musica si parla spesso di improvvisazione, e l'approccio degli allievi alla loro prima improvvisazione è bellissimo: "non mi vengono idee, non so che fare, non mi viene, non riesco a suonare", le frasi possono essere grossomodo queste.

È molto interessante.. avere davanti un terreno già pronto con una base suonata ad hoc, conoscere già una scala che ci permette di poter improvvisare su quella stessa base, ma... non riuscire a suonare. Attenzione, questo non significa non riuscire a suonare bene come vorremmo, significa proprio non riuscire a spiccicare due notine!

Come mai? Per quanto facile e preparato in modo funzionale sia il tutto, l'aspetto che ci blocca è paragonabile al problema del tema libero a scuola, ma non solo.

Un passaggio difficile che non ci viene, prova e riprova, lo facciamo venire in qualche modo. Quindi la difficoltà è nella tecnica: dobbiamo applicarci e cercare di far suonare quel pezzo come è scritto, a metronomo, e abbiamo tutti i parametri da valutare per farlo bene. Prima o dopo ce la facciamo senza dubbio! Cercando di improvvisare invece è tutto un altro paio di maniche.

In questo caso la tecnica c'entra molto meno, non è lì il vero problema. Quando improvvisiamo stiamo cercando di dire qualcosa utilizzando delle parole musicali, di esprimere qualcosa di noi, qualcosa che parli di noi. Il problema è che ascoltando quello che suoniamo, ci sembrano cose poco belle, addirittura brutte se siamo musicisti alle primissime armi. E sentire noi stessi suonare una melodia che non ci piace, è brutto, è come vederci fallire in un'operazione cui teniamo particolarmente.

È capitato a tutti.

Ma arrivati a questo punto il concetto è più difficile: se fosse un brano da eseguire, piano piano facciamo un passaggio alla volta, controlliamo mani, respiro, postura, e prima o dopo ce la facciamo. Non ci importa più quanto tempo ci metteremo per sistemare a dovere tutto il pezzo: abbiamo una strada tracciata e la luce che illumina la galleria, pian piano arriveremo alla fine sani e salvi.

Cercando di improvvisare qualcosa che ci piaccia, e non riuscendoci, il più delle volte stiamo male o rifiutiamo di farlo perché non sappiamo dove andare, ci sentiamo in mezzo ad un mare sconosciuto senza boe e senza luci, non capiamo da che parte andare, ne tantomeno dove siamo.

Ma ancora di più, questa sensazione è sempre frutto di noi stessi! Tutte le note suggerite dall'insegnante sono note "buone", che starebbero bene in quella progressione di accordi, ma il fatto di non avere direttive ci fa piantare nel suonare, e ci fermiamo. Alle volte nemmeno riusciamo a partire.

Anche quando finalmente vengono fuori un paio di note una dopo l'altra messe bene, le sentiamo sempre suonare male, non ci piacciono, proprio perché ci sentiamo in mezzo al mare.

La nostra situazione condiziona tutto quello che succede intorno a noi, siamo partiti con il piede sbagliato, non riusciamo più a vedere qualcosa di positivo, vediamo tutto nero.

Guardando un film siamo spettatori di scene che vorremmo vivere in prima persona o meno, e in base a questo decidiamo il film ci piaccia oppure no. Quindi guardiamo quello che già c'è e scegliamo se e cosa prendere o lasciare.

Improvvisando è il contrario, siamo noi a poter creare un pezzo della nostra storia, come ci piace, ma facciamo fatica, ci sentiamo persi...: guardare un film e decidere se ci piaccia o meno è un conto; suonare, inventare, produrre qualcosa che ci piaccia è più difficile.

Ma questa è la vita, senza questo aspetto non saremo mai completi. Vivere attraverso un film, attraverso il suonare sempre dei brani scritti da altri, reinterpretandoli, mettendoci del nostro, facendoli nostri è pur sempre bellissimo, sicuramente è un passaggio di cui abbiamo bisogno, senza dubbio! È una sorta di linea guida, di aiuto che abbiamo da chi è venuto prima di noi: la fatica che ha fatto qualcun altro per scrivere questo brano ora ci sta aiutando, è la sua fatica che ora aiuta noi.

La fatica che qualcuno ha compiuto si trasforma in aiuto per gli altri.

Ma non ci aiuta a saltare gli ostacoli, bypassare le difficoltà. No, la sua fatica aiuta noi a fare la nostra, come il primo di cordata[14], che dopo aver girato uno spuntone di roccia trova il punto per predisporre una sosta e si ferma. Non può aiutarci e portarci di peso lungo la via, noi non lo vediamo nemmeno più data la posizione in cui siamo, ma lui ha trovato per primo la via giusta, ed ora ci ha lasciato la corda e i rinvii[15] lì pronti per poterlo seguire. È magnifico, siamo attaccati ad una parete strapiombante, non vediamo il primo di cordata, ma stiamo benissimo, e abbiamo tutti gli strumenti per cavarcela. Una volta girato lo spuntone, rivedremo il nostro compagno, ci diremo quanto è stato difficile, e poi il primo ripartirà per il nuovo tiro di corda.

Tutto questo è bellissimo, ma non possiamo fermarci qui. Possiamo fare di più.

Il primo di cordata è un ruolo impegnativo, molto, e che comporta molta responsabilità. Per continuare a vedere le montagne possiamo sempre andare a fare una via con il nostro amico e delegare sempre a lui quel ruolo così importante, ma andremo pur sempre dove decide lui. Per vedere la montagna che vorremmo noi, dobbiamo decidere di essere noi stessi i primi di cordata. Però dobbiamo anche decidere di controllare tutta l'attrezzatura, controllare il meteo, studiare la via da fare, e poi andare.

Non possiamo partire a caso senza nemmeno una corda, così ci si ammazza, e si ammazza chi sta con noi. Ricoprire quel ruolo non significa semplicemente "voglio andare qui e vado qui" anche se potrebbe sembrarlo. Il primo di cordata ha una

---

[14] In alpinismo, è il primo ad iniziare la fase di ascensione: di solito è l'arrampicatore più esperto, cui sono affidati i maggiori rischi di una caduta.

[15] Strumenti di sicurezza utilizzati in arrampicata sportiva: sono utilizzati per agganciare rapidamente e in modo sicuro la corda (alla quale si è legati) ai vari punti di ancoraggio.

grande preparazione ed una grande responsabilità. Non decide a caso e non decide solo per sé.

Essere i primi non significa "fare quello che mi pare": Significa guardare il tempo, capire dal tipo di vegetazione da che parte sia meglio andare, decidere il percorso in base al nostro compagno o alle persone con cui siamo partiti per affrontare questa via... e in mezzo a tutto questo trambusto trovare il tempo di ammirare il panorama, un semplice fiore, di perderci nei pensieri che la sola fredda aria di montagna può donarci.

Se potessimo parlare di destino, forse il destino della vita è proprio quello di diventare i primi di cordata.

Non importa se noi stiamo camminando o correndo, l'immagine in slow-motion ci mostrerà sempre lo stesso gesto tecnico: stiamo muovendo un piede alla volta.

Se muovessimo entrambi i piedi in avanti, salteremmo, e dopo il nostro salto saremmo ancora fermi! Fare due cose insieme non ci aiuta nell'essere più veloci!

L'unico modo per continuare a muoverci in modo armonioso è spostare un piede alla volta.

Con il tempo e la pratica impareremo ad essere veloci in questa operazione, ma il punto di partenza è quel semplice piede.

Non dobbiamo immaginare azioni mastodontiche e complicate (il guardare una corsa ci darebbe questa impressione), dobbiamo muovere solo un piedino alla volta. Questa è la realtà.

Fare di più risulterebbe essere controproducente.

L'improvvisazione inizia da una nota soltanto, tutta la nostra vita inizia da una nota soltanto.

Una nota è moltissimo, è tutto! Guardandola da sola saremmo portati ad immaginarla piccola e insignificante, ma in realtà è quella singola nota che ci salva, che ci porterà più avanti sulla nostra strada!

La nostra improvvisazione inizia adesso.

Inizia con un semplice passo.

Una semplice nota.

Suoniamola.

E' SOLAMENTE QUESTIONE DI LOGICA DEDUTTIVA NORMAN

Un passo indietro.
La frase qui sopra è tratta da un film[16] cui sono affezionato.
Ho pensato molto guardando questo film.
Quando andavo a scuola mi piacevano molto matematica, fisica e filosofia. Filosofia è sempre stata una materia a sé stante secondo il mio modo di vederla, forse l'unica "vera materia", quella che vale la pena studiare a qualsiasi età, una sorta di "fare due chiacchiere a distanza (sia di spazio che di tempo) con tanta gente che in passato ha pensato cose interessantissime", gente che vedeva il mondo a modo proprio, un mondo che era molto diverso, ma anche molto

---

[16] **Sfera** (titolo originale *Sphere*), film del 1998 diretto da Barry Levinson, tratto dall'omonimo romanzo di Michael Crichton.

uguale ad oggi. Una materia che quindi lasciava aperte molte possibilità di discussione, proprio per un modo di vedere le cose che sicuramente sarebbe stato diverso per ognuno. Allo stesso tempo è sempre stato bello mettersi nei panni degli altri, capire il modo di vedere altrui, riuscire a ragionare per astratto, per assurdo, rigirare un problema per capirlo meglio, per vederlo da angolazioni desuete magari. Fantastico.

Lo stesso discorso però è valido anche per la matematica, o meglio, per la scrittura matematica. Data un'equazione, possiamo scriverla rispetto ad un'incognita o ad un'altra: non stiamo cambiando le cose, ma stiamo cercando un modo per vederle in modo diverso, per accorgerci di qualcosa che prima facevamo fatica a vedere. Facciamo un esempio banale: scrivere $2(x+y)=x/4$ non ci fa capire bene sta "y" come funzioni, scrivere $y=-7/8x$ ce la fa vedere e interpretare subito, in modo diretto. Non abbiamo aggiunto informazioni a quell'equazione, ma abbiamo trovato il modo di scriverla in modo a noi più comodo. E questa comodità può variare a seconda del problema che abbiamo da risolvere, quindi varierà anche la nostra scrittura. Ogni scrittura differente può aiutarci a capire un aspetto del nostro problema che non eravamo riusciti a capire con l'aspetto che aveva l'equazione inizialmente.

Tutte queste scritture sono in fondo la stessa cosa, siamo noi che abbiamo deciso di osservarla da un altro punto.

Peggio ancora, se avessimo $1/x=4y/x$, diremmo che $y=1/4$ con x diverso da zero.

Anche chi non ama la matematica ricorderà la prima maestra delle elementari mentre ci diceva "qualsiasi numero diviso per uno dà uno, qualsiasi numero diviso per zero è impossibile". Abbiamo posto una condizione. Per capire quell'equazione, per risolverla, abbiamo dovuto porre una condizione. Sembra

banale, y=1/4, quel valore della y non è una variabile, è una costante, y sarà sempre 1/4. Sembra ancora più facile di prima, non è nemmeno un valore variabile a seconda di altri fattori, quella y ha un valore preciso e sempre definito, problema risolto!
E invece no. Senza quella condizione noi non siamo in grado di risolvere quel problema. Per risolverlo dobbiamo porre una condizione.

La matematica è deduttiva, dati dei postulati, segue che bla bla bla. Senza postulati addio matematica.
Per esempio, sempre alle elementari, parlando di geometria euclidea, quella volta eravamo partiti dal punto e dalla retta. Sembra roba da poco, ma senza questi concetti non se ne esce: un punto è l'intersezione di due rette incidenti, e ogni retta è un insieme di infiniti punti... ci abbiamo provato tutti, ma ci siamo sempre incartati!
Questi sono solo concetti[17], idee base da cui poter iniziare a ragionare. Poi c'erano i veri postulati, che accettiamo per veri anche con l'esperienza (se potessimo dire così, fare l'esperienza di una retta che per natura è infinita...): per un punto passano infinite rette; per due punti passa una e una sola retta; data una retta e un punto esterno alla retta data, per quel punto passa una e una sola retta parallela alla retta data. Cose ovvie, ci pare normale, ma non sapremmo spiegarlo, dimostrarlo (come dire, tutti abbiamo coscienza del tempo, ma nessuno saprebbe definirlo).
Interessante no?

---

[17] **Concetti primitivi**, assunti e accettati senza spiegazioni.

Da piccolo mi ero soffermato proprio sull'ultimo postulato. Il mio primo pensiero è stato immaginarmi questa retta e questo punto. Non sapevo ancora cosa volesse dire, ma avevo teorizzato le rette sghembe. Ho detto alla maestra che c'era più di una retta passante per quel punto che non toccava la retta data, anzi... non una... infinite!

Dopo la risata generale di tutti i compagni io continuavo ad essere convinto, e ho realizzato una rappresentazione spaziale delle due rette utilizzando i miei due indici tenuti perpendicolari, ma con un braccio più alto di cinque centimetri rispetto all'altro. Quindi le due rette non erano complanari. Io non avevo idea nemmeno esistesse quella parola. Solo pensando avevo immaginato di avere davanti uno scenario mai visto. Non avevamo ancora parlato di piano e spazio tra i concetti primitivi (perciò non avevo mica scoperto l'acqua calda) ma per me è stata una mini-scoperta bellissima. Ho visto quel problema da una prospettiva diversa, in un modo che nessuno in classe aveva visto.

Tutti davano per scontato il concetto di piano perché senza pensarci stavano disegnando su un foglio, invece io, andando sempre in giro per la classe, non sapevo nemmeno cosa fosse il foglio...

Pertanto il problema di fondo è stato il punto di partenza: io ero partito da un punto di vista diverso, e sono arrivato in un altro posto, da un'altra parte. In classe nessuno aveva parlato di "piano", e io semplicemente non mi sono posto quel paletto che agli altri pareva ovvio e scontato. Che strano, sembra proprio che la matematica sia un'opinione!

La fisica invece no, qua iniziava il divertimento. La fisica al contrario della matematica, è induttiva. Significa che noi partiamo dall'osservazione di un fenomeno, cioè un qualsiasi evento che vediamo accadere, e cerchiamo di formulare delle ipotesi sulla spiegazione di quel fenomeno. Poi, la spiegazione migliore vince. Circa funziona così. In parole semplici, ogni fenomeno è potenzialmente diverso dall'altro, e noi cerchiamo di trovare una legge secondo la quale sia possibile prevederli tutti, una legge che vada bene per tutti i fenomeni paragonabili (dello stesso tipo). Ormai nella vita quotidiana non siamo abituati a questo, ma Galileo aveva realmente posizionato i campanelli sul piano inclinato ed era rimasto lì a guardare le palline scendere per la rampa.

Molto tempo prima, Aristotele aveva fatto una bella pensata: un corpo in caduta libera avrà una velocità proporzionale al suo peso, cioè un sasso da due chili sarà quattro volte più veloce di un sasso da mezzo chilo. Galileo ha fatto delle prove, e guardando quanto succedeva ha scoperto il moto uniformemente accelerato. Fino a prima la parola di Aristotele era legge, ma da quel momento non più, semplicemente perché osservando attentamente quel fenomeno, Galileo aveva intravisto un particolare cui nessuno prima aveva fatto caso, e contestualmente aveva trovato una legge che lo spiegasse.

Questo procedimento vale per tutti i fenomeni fisici, soltanto che ormai siamo abituati a sapere già come andrà o come spiegare moltissimi fenomeni che vediamo tutti i giorni. Eppure, in ogni istante potrebbe verificarsi un fenomeno mai visto, che non segue nessuna legge già esistente. È poco probabile che lasciando cadere due sassi dello stesso peso dalle mani, uno vada più veloce dell'altro. Non è impossibile, sarebbe la parola sbagliata! Sarebbe molto poco probabile. Non impossibile.

Trattare la fisica come la matematica risulterebbe essere un freno, un grosso limite: la fisica parte da quello che succede, non dal nostro modo di prevederlo.

A volte siamo più portati a far rientrare un qualsiasi avvenimento all'interno di una casella, utilizzando una definizione che già possediamo piuttosto che trovarne una nuova o cercare di interpretare un avvenimento che risulti essere davvero nuovo.

Purtroppo non è facile...

Il suono che si trova tra il FA e il SOL "suona" allo stesso modo sia che lo chiamiamo FA#, sia SOLb. Ma se lo incontriamo in tonalità di SOL è giusto chiamarlo FA# e interpretarlo come sensibile, in tonalità di REb è giusto chiamarlo SOLb e interpretarlo come sottodominante. Il suono è lo stesso, ma è diverso il significato, la funzione che vogliamo attribuirgli.

HAI VOLUTO LA BICICLETTA

Un'altra frase detta e ridetta. Io però l'ho presa in un altro modo, l'ho vista da un'altra prospettiva. Quante volte abbiamo detto (o peggio ancora ci hanno detto) "fai una cosa alla volta", "prima impari a scrivere le lettere, poi puoi scrivere una canzone" e cose del genere, o ancora "dove vuoi andare sullo snowboard che non sai nemmeno stare in piedi". Chiaramente c'è del vero in queste frasi. Per poter fare una cosa, abbiamo bisogno di conoscerne altre, per il semplice fatto che spesso un'abilità più elevata richiede altre abilità più semplici, che magari andranno affinate singolarmente oppure utilizzate in modo sincrono, il che rende comunque più difficile questa nuova abilità a cui aspiriamo. Sembra lineare, tutto fila. Ci sono mille esempi che ci fanno capire di aver ragione, ma purtroppo ce n'è uno molto rilevante che sembra andare in un'altra direzione.

La vita.

Come con il tempo: possiamo dire di averne coscienza, ma non abbiamo idea di come poterlo definire.

Così ci succede anche parlando della vita.

Prendiamo un esempio con le biciclette: è come se fossimo nati, e appena nati ci avessero messo su una bicicletta senza rotelle lungo una strada di montagna leggermente in discesa.

Ancora non conosciamo come fare, come pedalare, come non perdere l'equilibrio, ma la pendenza ci porta a prendere un po' di velocità.

Eccoci qui, siamo per strada, e per di più sopra una bici, senza avere idea di cosa sia la sella, come si usino i freni, a che serva il campanello...

Eppure siamo già per strada, quindi piano piano dobbiamo cercare di capire cosa sia la bicicletta e come si guidi mentre lo stiamo già facendo.

Questo rende le cose doppiamente difficili.

Si cresce un po' alla volta, si capiscono le cose un po' alla volta, ma non è automatico. Dobbiamo metterci del nostro.

È faticoso stare in equilibrio mentre cerchiamo di capire addirittura cosa sia il mezzo di locomozione su cui già siamo, soprattutto quando la strada inizia ad essere leggermente in salita e noi dobbiamo capire come si pedala, e facendo fatica pedalando dobbiamo comunque continuare a fare fatica per continuare a cercare di capire la nostra bicicletta. Poi, oltre alla bicicletta, che in qualche modo possiamo toccare e capire in modo relativamente rapido, dobbiamo anche cercare di capire come funzioni la strada, le curve, saper prevedere il meteo per sapere da che parte andare.

Ecco qui, da che parte andare. Altro grande problema.

Siamo in bicicletta, senza sapere cosa essa sia, in un posto che non sappiamo dove sia, con anche dei bivi lungo il percorso. Fantastico, se fosse un gioco di strategia questo sarebbe l'ultimo livello o qualcosa del genere, una sorta di mostro finale pressoché imbattibile.
In realtà qui giochiamo in un livello unico.
In un certo senso siamo noi a decidere a che livello di difficoltà giocare: possiamo passare senza guardare nulla di quello che ci sta intorno, possiamo guardare il panorama, possiamo cercare di capire il perché delle cose che vediamo durante il nostro percorso, se incontriamo altri ciclisti possiamo fare due parole, ma potremmo anche spingerli e farli cadere.
Non possiamo decidere proprio tutto durante questo percorso, ma molte cose sì. E sono molte di più di quelle che pensiamo.
La bicicletta su cui siamo non è scelta da noi, chi è venuto prima di noi ci ha messo proprio sopra questo modello di bicicletta. Magari a noi sarebbe piaciuta rossa, ma questa è blu...
Però siamo noi a dover decidere che strada prendere, quanto forte pedalare, quando e dove fermarci, quanto bere o se toglierci o meno gli occhiali da sole.

In molte situazioni non esiste un giusto o uno sbagliato in senso assoluto: ho conosciuto chi per vivere alleva pappagalli e gira l'Italia intrattenendo spettatori di tutte le età con spettacoli circensi insieme ai suoi alati amici variopinti, e chi invece non prenderebbe mai la macchina perché non sa se troverà parcheggio nelle strette vicinanze del posto dove è diretto, quindi preferisce non rischiare.

Siamo tutti diversi, e durante la strada possono succedere cose meravigliose.
Dobbiamo semplicemente volerlo.
Senza pedalare non si va da nessuna parte.

LENTO E' PIU' DIFFICILE

Suonando uno strumento (a me viene bene pensarlo con la chitarra), capita sempre di giungere ad un punto in cui le cose diventano davvero complicate. Innanzitutto facciamo fatica anche solamente ad approcciarci allo strumento le prime volte, a capire come mettere le mani, ed è già un'imponente difficoltà.

Una volta superata quella grossa difficoltà iniziale, andando pianino riusciamo a suonare le prime note e i primi accordi, con la mano destra ancora facciamo pochi movimenti, ma qualcosina suoniamo.

Piano piano prendiamo confidenza, e a poco a poco un po' tutte le canzoni composte da quattro accordi ci vengono abbastanza bene, a parte quelle in cui c'è anche il FA, che ancora facciamo fatica a far suonare bene.

Poi però arriva il problema, arriva il brano che contiene difficoltà tutto sommato abbordabili, ma... è troppo veloce.

Non riusciamo a suonare a quella velocità, proprio non ce la facciamo, e lì diventa difficile. Fino a prima facevamo fatica, ma vedevamo sempre bene la fine del tunnel nel momento in cui ci entravamo. La luce dell'uscita non era molto distante, e la percezione che abbiamo è sicuramente quella di poter farcela. E difatti, in poco tempo usciamo dal tunnel senza problemi.

Stavolta no, stavolta è davvero difficile.

Le difficoltà che abbiamo davanti sono basse, molto modeste, ma la velocità alla quale dovremmo suonarle ci sembra una montagna insormontabile.

Come facciamo?

Semplice, tutti abbiamo provato a suonare di botta quel passaggio al 100% di velocità, chiaramente non riuscendoci e suonando un groviglio di strani suoni e rumori fastidiosi davvero brutti da ascoltare. Allora proviamo un po' più lenti, 90%. Qui va un pochino meglio, ma non molto. C'è proprio un problema di fondo, qualcosa che non va. Dopo un po' di prove varie vediamo che circa all'80% sembra ce la facciamo, ma al 60% (che è una velocità più bassa) non riusciamo di nuovo. Ci piantiamo, qualcosa non gira bene, non riusciamo a suonare quel passaggio nemmeno a quella velocità, per quanto sia più bassa della precedente.

È un segnale: ci avvisa che non sappiamo suonare "davvero" quel particolare passaggio. Abbiamo trovato una velocità a cui sembra tutto venga benino, e per mille motivi quella sembra essere una velocità agevole: è troppo lenta per trovare difficoltà tecniche ma troppo veloce per sentire difficoltà mentali.

Qualche sberleffo c'è anche a questa velocità agevole, ma non si nota molto, pare quasi tutto giusto, però ascoltando attentamente il passaggio musicale non è perfetto. C'è qualcosa che non va. Eppure continuando a suonare a quella velocità agevole non ce ne eravamo resi conto, finché non siamo andati più lentamente.

Ed è proprio da lì che dobbiamo partire.

Controllare ogni piccolo passaggio lentamente, in modo da capire come suonarlo, come muovere le mani, come essere consapevoli di cosa ci aspetterà subito dopo ogni nuova nota, per non trovarci come in una strada con una curva a gomito improvvisa che rischia di farci finire fuori strada.

Non è la tecnica a salvarci, ma la mente, la testa.

Nella maggior parte dei casi la nostra tecnica c'è, ma quel passaggio risulta difficile suonato a metronomo perché non l'abbiamo davvero capito del tutto. Sotto sotto non ci piace ammetterlo, ma.. non sappiamo suonarlo, non sappiamo farlo, non ne siamo capaci.

È inutile dire "so suonarlo solo veloce così". È un modo per darci un motivo, una scusa per non essere arrivati dove volevamo, ma non serve a niente, tantomeno a noi.

Che poi pensata così sembra far ridere, sembra sia scemo non riuscire a suonarlo più lentamente, e invece è proprio così.

Se realmente sappiamo suonare quel pezzo di musica, se è davvero "nostro", riusciremo a suonarlo con tiro e groove anche a 40bpm!

È difficile si, ma non per mani, muscoli e tendini, quelli fanno meno fatica a quella velocità.

È la testa a farne molta di più: dobbiamo essere sicuri e decisi per potercela fare. Dobbiamo essere perfettamente consapevoli di dove collocare nel tempo quelle note e quei movimenti, e dobbiamo essere decisi, sicuri.

Non è sempre semplice, ma non c'è altra via per farcela.

CANTARE A BASSA VOCE

Un po' tutti abbiamo cantato sotto la doccia, ad una festa a casa di amici o in una band con i nostri compagni di scuola.
Lo facciamo perché ci piace, ci diverte. Ogni tanto si sbaglia, ma si ride e si riparte!
Con le band dei miei piccoli rockettari ho notato delle cose che erano anche mie, ma ovviamente guardandole da fuori, da un'altra prospettiva, si vedono sfaccettature che prima non si notavano.
All'inizio un po' tutti, cantanti e musicisti, suonano piano. Ma non solo piano inteso come "con poco volume", ma piano come intenzione.
Per capirci, non suonano con l'amplificatore a 1 e quindi sentiamo semplicemente poco la chitarra, suonano con l'amplificatore a 9, ma proprio con le mani sono poco convinti, "sono spenti".

Chiaramente le prime volte che si suona in una band non è come suonare a casa da soli o di fronte al proprio insegnante, e questo è normale, ed è per questo che le band sono umanamente (oltre che didatticamente) utilissime, diciamo anche indispensabilmente utili.

In una band è più difficile fare qualsiasi cosa, un po' come salire sopra la sedia per recitare la poesia di natale. Sentiamo di fare più fatica, di essere osservati.

La maggior parte di questa visione è completamente sbagliata: nessuno ci sta guardando in attesa di un nostro sbaglio. Nella band tutti abbiamo lo stesso problema: tutti possono sbagliare da un momento all'altro, e tutti sono concentratissimi a suonare la loro parte, a capire come muoversi con il loro strumento. Non abbiamo molta tranquillità mentale per accorgerci di tutto quello che ci succede intorno, siamo troppo concentrati.

Le stesse nostre difficoltà valgono per tutti: se noi non abbiamo sufficienti energie mentali per riuscire nello stesso tempo a suonare e guardare gli altri, nemmeno gli altri guarderanno noi!

Garantito al limone!

Ma noi siamo più preoccupati a pensare agli altri che a noi stessi. A nessuno piace sbagliare, ci mancherebbe altro, ma purtroppo è un passaggio fondamentale nella vita di tutti. Non si può saltare a piè pari questa tappa.

Però, per paura di sbagliare e dei successivi commenti negativi che potrebbero arrivare, suoniamo piano, piano "dentro", sottovoce.

Così purtroppo possiamo solamente ottenere due bruttissimi risultati.

Nel caso in cui in queste condizioni suonassimo bene, non saremmo realmente contenti e soddisfatti. Diremmo "sì dai magari va bene, ma poi per fortuna non si sente molto".
Siamo già portati al fallimento, trasformiamo anche un fatto positivo in uno negativo.
Nel caso in cui avessimo sbagliato invece diremmo "beh sapevo che avrei sbagliato hai visto? Ma per fortuna nessuno mi sente perché suono piano". Quindi anche da uno sbaglio, cioè un'esperienza che può farci migliorare, non ricaviamo niente, non ci portiamo a casa qualcosa in più. Domani commetteremo lo stesso errore nello stesso modo, e diremmo ancora una volta che nessuno ci avrebbe potuto sentire, e ricomincerebbe tutto da capo.
Non è bello.
"Il rock va suonato al volume che serve".[18]
La vita è lo stesso.
E per noi nella band pure.

Suonando con convinzione, pur sapendo di poter sbagliare ed avendo un po' di paura, otterremo invece due grandissimi risultati.
Nel caso suonassimo male o commettessimo un errore, ci diremmo "senti qua che schifo", e la prossima volta il nostro cervello agirà in modo quasi inconscio per non farci sbagliare nello stesso modo appena verificatosi. Magari sbaglieremo ancora, ma non nella stessa maniera, anche se potrebbe sembrare uguale la dinamica.
Nel caso suonassimo bene, ci diremmo "senti qua che roba, sono strato proprio bravo!". Acquisteremmo un po' di

---

[18] Questa frase è stata detta da molti musicisti in tutto il mondo, in Italia la ricordiamo come detta da Luciano Ligabue.

fiducia, e ci renderemmo conto che i nostri sforzi sono serviti, abbiamo suonato bene!
O in un caso o nell'altro dobbiamo dare modo alla nostra coscienza di lavorare, dobbiamo metterci nelle condizioni di poterci rendere conto di cosa succede.

Non rendersi conto è ancora peggio di sbagliare tutto. Non rendersi conto significa non esserci, essere da un'altra parte. Possiamo non "renderci conto" per scelta, per scappare da qualcosa che non vogliamo vedere, magari per pigrizia, per rinunciare a fare qualcosa che invece ci piacerebbe fare solo per la fatica che comporterebbe o per un qualsiasi altro motivo.
Però purtroppo non rendersi conto, seppur per un periodo limitato di tempo, o in una situazione particolare, significa non esserci.
Nel momento in cui scatteremmo la foto della nostra vita, noi saremo colorati in un altro modo rispetto a tutto il resto dell'immagine. Magari solamente un secondo dopo quello scatto la situazione sarebbe diversa, ma nell'istante dello scatto della foto non c'eravamo.
Eravamo da un'altra parte, soli, immersi in pensieri che non hanno a che vedere con quanto stava accadendo.
È questo l'aspetto più brutto, come essere in mezzo al mare di notte senza né barca né boe. Non sappiamo, non ci rendiamo conto. Chiunque può dirci qualsiasi cosa, e noi non riusciremmo a capire se stia dicendo bene o male. Peggio ancora, non capiremmo nemmeno la lingua con cui ci sta parlando.
E purtroppo siamo stati noi a sceglierlo, abbiamo voluto noi andasse così. Ci siamo messi da soli in un angolo da cui uscire sembra difficile se non impossibile, e dal quale vediamo tutto

sfalsato: anche una persona che volesse aiutarci potrebbe sembrare ostile. La vedremmo allungare una mano con una corda, sentendola urlare parole senza senso. E il nostro non renderci conto la considererebbe una persona negativa, pericolosa. E con ciò perpetueremmo il nostro stato di staticità, non riusciremmo mai a muoverci.

Ce la prenderemmo con il mondo, ma la scelta è stata nostra.

MAN IN THE MIRROR

Uno dei sistemi per vedere meglio i nostri errori praticando uno strumento (nel mio caso la chitarra) è il guardarci allo specchio, per molte ragioni.

Lo specchio ci mostra quali siano le cose che non vanno, che non sono armoniose.

In oltre ci fa vedere le cose al contrario, allo specchio appunto! Quindi vediamo noi stessi in un modo strano, da un'altra prospettiva, come se fossimo mancini o viceversa, il che ci rende più attenti ai particolari proprio perché risulta essere una visione con la quale non siamo abituati a confrontarci, quasi anomala la prima volta.

Ci fa vedere da fuori come siamo, come se ci vedessimo "davvero chitarristi", ed è bello, ci fa ammirare da fuori quello che vorremmo essere, come se fossimo spettatori di noi stessi.

Lo specchio non ce lo fa solo immaginare, ma vedere. Quelli nello specchio siamo noi, non è un'illusione, siamo noi davvero.

Come davanti ad un film, ci piace quello che vediamo! E quell'immagine ci dà forza, ci dà una consapevolezza diversa di ciò che stiamo facendo. Solo che in questo caso sta già accadendo, lo stiamo addirittura vedendo diventare reale. Un film è illusione, siamo noi a metterci dentro qualcosa che è già nostro o che vorremmo accadesse a noi (il semplice desiderarlo lo rende già un po' nostro), questa immagine invece è vita vera.

Sembra un fatto banale ma non lo è. Non lo è affatto. Quello che vediamo sta accadendo, ma siamo talmente presi da mille altre preoccupazioni che non ce ne accorgiamo, non ci fermiamo davvero a guardare e capire che i protagonisti nello specchio siamo noi. Inoltre, siamo addirittura più portati a vedere e focalizzare l'attenzione sugli aspetti che non funzionano piuttosto di quelli che funzionano. Ovviamente in quella stessa visione sono entrambi presenti, ma noi diamo la precedenza al "no".

Vedere una tela bianca con un unico puntino nero al suo interno e notare solo il puntino non farà scomparire la tela, anzi! Il 99% di ciò che vediamo è la tela, ma la nostra attenzione si focalizza solo sul puntino. Questo può portarci a considerazioni sbagliate. Lo specchio riflette tutto! Può aiutarci a vedere una situazione da un'altra angolazione, ma non la può cambiare. La scelta di concentrarci solo sul puntino può portarci a perdere di vista la tela, a dimenticarla. "Amico, ma come, tu sei sopra albero e non vedi bosco?". Siamo noi a scegliere che cosa vedere, e alle volte siamo talmente convinti della nostra scelta (a priori) che ci dimentichiamo essere solo una scelta.

Pensiamo alla parola "assolutamente", una parola che mi ha sempre divertito.

"Pierino, non sarai stato mica tu a combinare questo disastro?"

"Assolutamente mamma" - Pierino risponde con tono fermo e deciso dall'interno della sua camera al primo piano. La mamma ha posto una domanda cui avrebbe già voluto darsi una risposta, avrebbe voluto sentirsi dire di no.

Facendoci caso, la risposta vera e propria... non c'era!

Pierino ha risposto "assolutamente", che è un avverbio. La mamma fra le righe ha letto un "ci mancherebbe mamma, non sono stato io, è stato il cane a rovesciare il vaso di fiori", ma Pierino non l'ha detto.

Squilla il telefono: "Signor Rossi, posso contare su di lei per la riunione di venerdì?"

"Assolutamente direttore".

Anche in questo caso l'idea è simile: Il direttore vuole sentirsi dire sì, e sentirà sì.

Nessuno ha dato una vera risposta, ma in entrambe le situazioni i personaggi hanno capito e sentito quello che volevano sentire. Vedendosi faccia a faccia è più facile capire anche dai movimenti del corpo quale sarà la direzione della risposta del nostro interlocutore, ma non è sufficiente.

L'ultima parola spetta sempre alla nostra scelta.

Quante volte una persona a noi cara ci ha detto "Guarda che quella non è la ragazza per te!", e noi non riuscivamo nemmeno a capire di chi o che cosa parlasse?

Siamo noi a scegliere cosa sentire, è la nostra capacità di guardarci intorno che può salvarci. Molte volte un problema sembra insormontabile perché siamo noi ad aver deciso che lo

sia. Ma ci dimentichiamo del 99% della tela che è ancora lì a fissarci. Il puntino nero è più appariscente della tela bianca, lo notiamo subito.
Ma è apparenza, è un vestito.
All'interno di un capannone completamente nero noteremmo subito la tela bianca, sarà il puntino a passare in secondo piano.

Tempo fa parlavo con un'amica alle prese con un problema informatico. Era molto agitata, anche perché ogni operazione nuova che implicasse l'uso del computer è sempre stata un grosso problema per lei.
Lei un po' preoccupata e io un po' di corsa, abbiamo finito per trovarci a discutere in modo un po' animato. Il problema era molto semplice da risolvere, ma mi ha fatto riflettere una parte della nostra discussione che riassume bene il concetto.
Io: "Ti ho detto di premere invio!"
Lei: "No, tu mi hai detto di premere invio!"
Interessante!
La sua preoccupazione e l'unica sua idea in quel momento era dire parole a qualcuno, a prescindere. Non mi stava ascoltando, sapeva già cosa voleva sentirsi dire o cosa avrebbe voluto dire. Chiaramente guidata da paura e preoccupazione ha chiuso tutte le porte e le finestre che danno verso l'esterno, impedendosi da sola di ascoltare e fare tesoro di qualsiasi parola venisse dall'esterno. La soluzione era semplice: premi invio. Ma le porte erano già chiuse e le serrande abbassate, nessuno avrebbe mai raccolto quel consiglio.
La soluzione era lì! Era lì per noi, ma noi non l'abbiamo nemmeno notata. Peggio, ci siamo messi nella situazione di non notarla.

Non è la grandezza dell'insegna a farci trovare il posto giusto, è la nostra voglia di guardare fuori dal finestrino e non sul display del navigatore.

IL MIX

Ho iniziato da piccolo a lavorare in mezzo a cavi e mixer, ma probabilmente sono fonico da sempre, solo che ancora non lo sapevo.

Il fonico è una figura davvero strana: quando una band suona bene è merito loro, quando suona male è colpa del fonico! Di battute ce ne sono migliaia, ma il concetto che sta dietro il mestiere del fonico è molto serio quanto profondo.

I musicisti suonano i loro strumenti, il fonico suona tutta la band, un po' come una sorta di direttore d'orchestra.

È un ruolo di grande responsabilità e che richiede molta preparazione. Ormai purtroppo molti fonici sono in realtà persone che noleggiano o allestiscono un impianto per un evento, e poi si siedono davanti al mixer a bere una birra, ma questo non significa essere fonici. Significa solo portare la divisa con il nome del service attaccato sopra. Non di più.

Il compito del fonico è mettere ordine, è fare in modo di far suonare bene tutti gli strumenti insieme.

Facciamo un esempio: cuciniamo la pasta al pomodoro, e mettiamo 200g di pasta e 1kg di pomodoro. La pasta assaggiata da sola è cotta ed è salata al punto giusto, il pomodoro da solo è buono, ma mescolato tutto insieme non è buono, non è proporzionato. Il risultato assomiglia ad uno strano minestrone rosso, diventa quasi immangiabile. Eppure i due ingredienti principali sono buonissimi presi singolarmente.
Facciamo un altro esempio: riso con il radicchio e salsiccia. Le dosi sono tutte perfette stavolta, ma la salsiccia è bruciacchiata, parecchio bruciacchiata, troppo bruciacchiata. L'abbiamo fatta cuocere un po' troppo e ormai è diventata una crostina nera, con l'annesso sapore poco invitante. È tutto perfetto, ma un ingrediente "non c'entra", ha un sapore che rovina tutto il resto, seppur sembri un particolare piccolo, "alla fine è solo un ingrediente, cosa vuoi che sia". Assaggiando quel piatto sarà evidente: non ci piace.
È inutile a disastro avvenuto esaltare la qualità dei singoli ingredienti o della preparazione, il piatto sarà sempre impresentabile.
È il mix che ci fa piacere qualsiasi cosa.
Un bel suono di chitarra non è difficile da ottenere, ma non è detto che quel suono all'interno della band sia quello "giusto", sia quello "che serve".
Un bel suono della cassa della batteria ascoltato singolarmente può diventare terribile sommato al suono del basso.
Ecco, Il fonico ha l'onere (e l'onore, è davvero un privilegio) di mettere ordine, armonia tra i suoni di tutti.

È un'arte, e allo stesso modo comporta una grande responsabilità. Il mix è frutto sia dei suoni, quindi di ogni singolo suono scelto in base a mille esigenze (dalla grandezza del luogo dell'evento al numero di spettatori, dalla posizione dei musicisti alle esigenze della produzione), sia del volume impostato per ogni singolo suono. Anche dei suoni "giusti" ma con un volume sbagliato causerebbero un mix brutto da ascoltare.

Per tutti i fan di una band, la voce del cantante sarà sempre troppo bassa, qualsiasi sia il volume. Ed è un errore: non stiamo ascoltando il cantante, stiamo ascoltando la band. Ogni musicista è importante, nessuno potrebbe suonare senza gli altri componenti della stessa band di cui fa parte, e così è anche il mix.

È una grande responsabilità, ma nella vita tutto è mix.

Mai pensato a quale sia l'aspetto che più ci piace di una ragazza, del perché ci innamoriamo? Tutti diciamo "gli occhi", ma tutti pensiamo "il sedere", ma alla fine tutti noi non prendiamo in considerazione nessuno di questi aspetti. Soprattutto non in questo modo ridicolo...

È il mix che rende unica questa persona, non è una media dei singoli punteggi fisici e morali, anzi. Ci sentiamo bene con qualcuno, e passeremo moltissimo tempo insieme a questa persona, ma non lo faremmo per la sua altezza o per le sue scarpe. C'è di più. È il mix che rende tutti unici, ognuno è un mix differente, ed è proprio in base a questo che decidiamo di sceglierci a vicenda per percorrere un po' di strada insieme, di passare del tempo insieme o meno. È una magia. Nell'audio è più semplice, parlando di persone è un mistero davvero molto misterioso.

È sempre del mix che ci innamoriamo. Ogni volta che diciamo "troppo" è pur sempre troppo: una ragazza buona, ma addirittura troppo buona, non ci andrà bene, non sarà quella per noi. "Troppo" significa che nel mix c'è qualcosa che non funziona. Sembra un aspetto positivo essere buoni, e lo è, ma è quel troppo che stona.

Tutti abbiamo dei nostri parametri, una nostra idea di mix, ed è quello che ci guida: quello che per me può essere un buon mix per te potrebbe essere un risultato inascoltabile e viceversa. Va da sé che, anche inconsciamente, seguirò una mia idea di mix, verrò attratto da un mix di un certo tipo piuttosto che da un altro.

Il singolo suono di cassa della batteria perde di significato rispetto al mix, passerà in secondo piano.

Non è quello il punto di arrivo.

RISCALDAMENTO

Prima di suonare è bene fare riscaldamento, può salvare la vita e soprattutto le mani.

Ma cos'è questo riscaldamento?

Tutti associano il riscaldamento ad una qualsiasi attività sportiva o fisica, e solitamente il significato è proprio quello.

Ma il riscaldamento non è solamente una pratica fisica, esiste anche un riscaldamento mentale.

Il riscaldamento è una pratica che ci mette in movimento, ci attiva, prepara il terreno per l'attività che svolgeremo dopo.

Quindi, serve un riscaldamento fisico, ma serve anche un riscaldamento mentale.

Prima di intraprendere un'attività dobbiamo "essere lì", esserci, focalizzarci sulle difficoltà che dovremmo affrontare prima di poter iniziare il vero e proprio allenamento o addirittura una gara. Abbiamo bisogno del riscaldamento, altrimenti ci faremmo male, i muscoli e i tendini subirebbero delle sollecitazioni brusche mentre siamo ancora freddi, e ci faremmo male. Ma allo stesso modo abbiamo bisogno di esserci con la testa, altrimenti rischiamo di farci male ugualmente.

"Il corpo non sopravvive senza mente".[19]

Quante volte ci siamo fatti male in modo stupido dicendo "ero sovrappensiero"? Semplicemente non eravamo davvero lì, il corpo stava svolgendo un'operazione, e la mente un'altra. Ogni volta che ci troviamo davanti ad una situazione simile, o peggio ancora siamo noi stessi a viverla, non siamo in equilibrio, non siamo realmente felici, proprio perché non stiamo davvero vivendo quel momento, qualsiasi esso sia. Siamo presi da mille altri pensieri e stiamo svolgendo un'azione pensando ad un'altra. Non siamo dove vorremmo essere, non facciamo quello che vorremmo fare.

Un bambino che fa fatica ad alzarsi per andare a scuola sarà magicamente sveglio alle sei di mattina il giorno della sua prima gita! Lui ha già fatto riscaldamento, è già pronto per quello che verrà dopo, con la mente è già qui, e anche con il fisico, è sveglio! È tutto pronto per fargli vivere quell'esperienza nel modo migliore possibile. Sicuramente non prenderà appunti come diceva la maestra, ma lui è sveglio, è davvero presente. Quel giorno sarà molto più reattivo e recettivo del solito, perché è pronto, è lui che ha scelto di "esserci", e tutto il suo corpo si è adoperato per esserci: semplicemente tra la sua coscienza e il suo operato

---

[19] ***Matrix*** (titolo originale *The Matrix*) è un film del 1999 scritto e diretto da Lana e Andy Wachowski.

non c'è divisione, è una cosa sola, ed è veramente contento, felice.

Noi possiamo essere così tutti i giorni, non è fantascienza, può succedere davvero.

Riscaldamento ha anche un altro significato, molto più pratico. Tutti in casa abbiamo il riscaldamento, altrimenti d'inverno rischieremmo di sedere in divano al fianco di pinguini e foche infreddolite.

I termosifoni servono a rendere la temperatura più mite, a creare le condizioni ideali grazie alle quali noi possiamo stare bene. Senza riscaldamento stiamo male, sentiamo di non riuscire a muoverci bene, a muovere bene le dita, e facciamo fatica ad essere come vorremmo, come ci sentiremmo.

Sembra banale, ma fateci caso.

Purtroppo nelle scuole di musica il riscaldamento è un argomento molto gettonato e molto problematico. In passato ho abbandonato delle situazioni proprio perché le condizioni ambientali (sia come temperatura, sia come materiali) erano problematiche. Non era più sostenibile, stavo male, non ero sereno, ogni nuovo problema contribuiva ad aumentare il nervosismo.

È vero che il riscaldamento costa, e non poco. Ed è anche vero che accendere il riscaldamento quando non ci siamo sembra proprio una perdita di tempo e soldi se nemmeno ci siamo!

Ma non è vero: per poter iniziare a suonare in una stanza che si trova a circa quattordici gradi è necessario il riscaldamento sia acceso prima del nostro arrivo, così quando arriveremmo sarà calda e pronta per suonare. In alternativa possiamo arrivare noi stessi un poco prima e accendere la caldaia manualmente, in modo che all'ora prestabilita sia tutto alla temperatura ottimale.

Arrivare lì in fretta e furia, attaccare il riscaldamento a manetta e iniziare subito a suonare un brano molto tecnico può solo farci del male, sia mentale che fisico. I nostri tendini soffrirebbero non poco, e il nostro cervello pure. Ci renderemmo conto di non riuscire a suonare bene quel passaggio, e purtroppo in quelle condizioni non ce la faremmo mai, non possiamo riuscire a muoverci bene! Vederci sbagliare è brutto, sentire di non riuscire e di non poter fare nulla è altrettanto brutto. Ma intestardirsi a continuare può solo farci stare più male.

Il riscaldamento non è un optional! È costoso sì, e risparmiare piace a tutti, ma senza quella condizione ci è impossibile suonare bene! Come già detto parlando del tempo, sembra che gli ingredienti ci siano tutti: la stanza, la corrente, gli amplificatori... mancherebbe solo la temperatura giusta, che purtroppo è un ingrediente come gli altri. Non è un contorno, una miglioria di cui potremmo fare a meno.

È essenziale.

Per poter star bene dobbiamo metterci nelle condizioni giuste per poter star bene, e molte volte costa fatica riuscire a realizzare queste condizioni.

Ma cercare di essere felici senza questa fatica, senza realizzare queste condizioni, ci porterà a stare sempre male, a vivere sempre male, facendo ancora più fatica e non riuscendo nel nostro intento. Finiremo anche per dare colpa alle nostre capacità, al caso o alla sfortuna, ma non risolveremmo molto.

Il riscaldamento ci aiuta, ci prepara, ci permette di poter essere felici.

Esserci è una condizione essenziale per la felicità.

Nessuno può essere felice essendo altrove.

FAMMI USCIRE

Ricordo quando a scuola parlavamo di Socrate e della maieutica. L'ho sempre trovata una pratica carina, anche se non immediata.
Non era il maestro ad insegnarti la sua stessa verità, ma era lì per aiutarti a partorire la tua, che sarà tua e solo tua. Il metodo per arrivare a trovare la nostra verità era basato non solo sul *logos*, inteso sia come parola che come ragione, ma sul *dialogos*, il dialogo: tramite una serie di domande e di confutazioni il maestro portava l'allievo a porsi delle domande e a scavare nelle proprie verità per capire se ritenerle o meno tali, così a piccoli passi avrebbe lasciato le verità fasulle per tenere quelle che per lui erano realmente verità.
È passato molto tempo, ma Socrate non aveva visto affatto male.

"Chi siamo veramente?" non è una domanda che trova una risposta fuori di noi, ma dentro. È già lì dentro la risposta, non occorre andare in giro per tutto il mondo per trovare realmente noi stessi. Noi siamo sempre stati con noi, ma ciò non significa che il viaggio per arrivare a noi sia molto semplice o veloce. A volte questo viaggio per arrivare dentro di noi passa anche per il girare il mondo, per il fare mille esperienze, ma non è una regola.

La meta siamo noi, siamo sempre stati noi, però tutti percorriamo strade differenti per arrivarci, strade più o meno lunghe, più o meno tortuose.

Ovviamente questo può succedere solo dopo aver deciso di voler "trovarci", se avremmo deciso di farlo.

Non possiamo trovare qualcosa che non si cerca, anche sbattendoci addosso non la riconosceremmo.

Le difficoltà del viaggio assomigliano ancora una volta ad un tema libero quando eravamo a scuola: abbiamo un tema da scrivere, ma non sappiamo ancora che strada prenderemo nello scrivere. Addirittura c'è chi consegnerà il foglio in bianco. Però è certo, qualsiasi cosa sceglieremmo di fare (non scrivere, scrivere tanto, scrivere poco, di cosa scrivere), quella decisione parlerà di noi.

Non potrebbe essere altrimenti, tutto quello che facciamo parla di noi. E più guarderemo dentro di noi, più capiremmo chi siamo davvero, più potremmo davvero essere felici.

"Pazzia è lasciarsi umiliare, farsi calpestare, trascinarsi in una miserabile esistenza quando hai un leone chiuso dentro di te e la chiave per liberarlo"[20].

---

[20] Frase tratta da **Wanted - Scegli il tuo destino** (titolo originale *Wanted*), film del 2008 diretto da Timur Bekmambetov.

Tutti noi abbiamo dentro di noi un leone, che per ognuno sarà diverso, e abbiamo il potere di liberarlo, di farlo correre libero. Noi "possiamo", "dobbiamo"!
"Conoscere gli altri significa essere saggi, conoscere se stessi significa essere illuminati".[21]
Il vero "noi" è sempre dentro di noi, però notarlo, rendercene conto, riuscire a capire come realmente sia è molto difficile. Investiamo spesso tempo ed energie guardando fuori di noi, non dentro.

Quante volte abbiamo saltato il pranzo o la cena? Quante volte abbiamo lavorato ventiquattro ore di fila bevendo un litro d'acqua? Quante volte abbiamo corso come matti guardando sempre fuori di noi al grido di "devo ancora fare questo" invece che pensare di riposarci in divano?
Correre come matti tutto il giorno per inseguire qualcosa che non sappiamo nemmeno bene cosa sia, non sembra un'idea geniale, ma è quello che siamo portati a fare tutti i giorni.
Correre tutto il giorno non è di per sé un fatto brutto, come al solito il problema è il perché, il motivo. Alle volte ascoltiamo e assecondiamo quello che ci viene proposto o quello che percepiamo da fuori, ma non ci chiediamo mai se quella proposta sia realmente compatibile con l'idea che ci viene da dentro.
Ogni cosa che accade, ogni avvenimento può essere una proposta: una frase di un amico, un'immagine vista per strada, una pubblicità in televisione, uno spot alla radio.

---

[21]Frase tratta da *Il monaco* (titolo originale *Bulletproof Monk*), film del 2003 diretto da Paul Hunter.

Tutto può portarci o invogliarci a fare qualche cosa, ma solo noi possiamo capire se quella proposta sia davvero per noi o meno, se sia parte di noi o meno.
Solo noi possiamo sapere e sentire come realmente siamo, la chiave per essere felici è dentro di noi.

Però abbiamo una chiave strana, è un passe-partout particolare, non ben definito. Di fronte a dieci porte, la nostra chiave entra perfettamente in una serratura soltanto, non entra assolutamente in una sola serratura, invece entra in malo modo nelle restanti otto. Questi siamo noi: la nostra situazione ideale, il nostro vero io è l'unica porta con la serratura perfetta per la nostra chiave. Delle restanti nove porte, una è proprio una situazione difficile, una vita che non riusciremmo assolutamente a sopportare, un modo di comportarci che assolutamente non è il nostro. Le altre otto porte invece sono tutte possibilità che, con più o meno fatica, sono praticabili per noi.
Ma la nostra chiave apre perfettamente solo una porta, solo oltre quella porta saremmo felici! Però a fatica riusciamo ad aprirne anche altre, grazie alla funzione passe-partout incorporata nella chiave. Queste porte teoricamente non sono per noi, anche se spingendo forte riusciamo ad aprirle.
Quindi il viaggio verso di noi diventa difficile aggiungendo questa importante variabile: capire quale sia realmente la nostra porta è complicato.

Davanti a problemi e dubbi cerchiamo sempre delle soluzioni fuori di noi: pillole, alcool, droghe... ma le soluzioni sono dentro, non fuori.
Una volta terminato l'effetto di una pillola torniamo a stare come stavamo prima, una volta finito di bere per dimenticare

ci ricorderemo di nuovo tutto. Bere può far dimenticare un problema, ma non ci serve per scavalcare o tantomeno risolvere quello stesso problema. Al massimo ne può causare un altro. Per poterci riuscire davvero ci vogliamo noi, siamo noi la nostra medicina! Ma dobbiamo "usarci", altrimenti continueremmo sempre a stare male. Quando stiamo male (sia fisicamente che moralmente) il nostro corpo ci manda dei segnali chiari per farci capire che qualcosa non va, per farci capire che non siamo realmente noi stessi in quella situazione, e farsi una bevuta equivale a posizionare una riga di nastro isolante sopra la spia della riserva della benzina mentre siamo alla guida. Non vediamo la spia accesa, ma dopo pochi chilometri la macchina si ferma. Inutile dare la colpa al tempo o al meccanico. Ci siamo convinti che ignorare quel segnale equivalga a risolvere quel problema. Niente di più sbagliato. Abbiamo nascosto a noi stessi la spia, togliendoci così la possibilità di risolvere quel problema! Non possiamo capire come far spegnere una spia che non vediamo accesa.
Ci stiamo sminuendo, ci stiamo nascondendo.
Noi siamo gli unici veri meccanici della macchina sulla quale stiamo percorrendo la nostra strada.
"Nessuno può farti sentire inferiore senza il tuo consenso".[22]
Dobbiamo prendere coscienza che tutto quello che accade è affar nostro e deve interessare proprio noi in primis, non gli altri. La chiave di noi stessi siamo noi, non gli altri. Tutti i nostri problemi sono in mano nostra, noi abbiamo il potere di farli svanire. Invece di concentrarci sull'oscurare le spie dovremmo capire il perché esse si accendano. Solo così

---

[22] Aforisma attribuito ad Eleanor Roosvelt, first lady statunitense.

possiamo davvero diventare migliori, diventare come saremmo realmente "dentro", dove non guarda nessuno. A volte nemmeno noi.

MORE GAIN

Da buoni chitarristi, il primo potenziometro toccato appena comprato un nuovo amplificatore è proprio quello recante la scritta "gain[23]". La quantità di gain che utilizziamo dice molto su di noi, sul nostro modo di essere.

Il gain a manetta (quindi un suono molto distorto) è sempre very rock, ma non è affatto semplice da gestire.

Molte magagne che non sentiamo con il suono pulito sarebbero disastrosamente fastidiose se eseguite con il suono distorto. Non è che con il pulito non ci fossero, ma passavano in secondo piano, non si facevano sentire.

Guardando un concerto di chitarristi virtuosi vediamo eseguire brani difficili con una semplicità che per noi sembra

[23] Possiamo immaginare il *Gain* come il livello di distorsione utilizzata.

irraggiungibile: dopo tanta fatica spesa nello studio, sono
arrivati a padroneggiare quelle tecniche e quella musica in
modo anche bello da vedere, armonioso.
"Non è questione di forza, è questione di grazia"[24].
Stanno affrontando brani difficili, suonati con la tensione di
uno stadio intero che ti guarda, ma sono armoniosi sulla
chitarra, non si scompongono.
Di fatto però stanno gestendo una situazione non facile: oltre
alla pressione del pubblico devono gestire i mille suoni
indesiderati che con il settaggio estremo del loro amplificatore
rischiano di essere generati molto facilmente.
Ed è difficile!
Grazie al suono che hanno scelto, noi sentiamo un grande
assolo, ma la loro grandezza passa anche per il saper suonare
con la manopola dal gain a manetta.
Il potenziometro del gain oltre la metà è un presupposto
importante per avere un suono very rock!
È una condizione necessaria, non è una condizione
sufficiente.

Essendo dei chitarristi alle prime armi sembra semplice il
discorso: basta aumentare il gain, e si sente tutto più forte, più
bello.
Però queste ultime due parole non sono sinonimi.
Crescendo ci accorgiamo che con tutta quella distorsione non
emettiamo sempre bei suoni, e quindi dobbiamo stare attenti,
dobbiamo continuare a studiare anche la postura delle nostre
mani per evitare quei suoni non voluti e fastidiosi.

---

[24] Frase tratta da **Il monaco** (titolo originale *Bulletproof Monk*), film del 2003 diretto da
Paul Hunter.

Ogni effetto che aggiungiamo nella nostra catena del suono (che inizia dalle nostre mani, passa per la chitarra, continua per il cavo e tutti gli effetti a pedale per terminare nell'amplificatore) richiede consapevolezza nell'usarlo, ma anche capacità di farlo. Gli oggetti non suonano da soli! Utilizzando un suono molto saturo dobbiamo comportarci in un modo, con un delay molto lungo dobbiamo comportarci in un altro e così via. Ogni effetto in più ci fa sentire più grandi, ci dona un suono più ricco e più simile a quello che sentiamo nell'ultimo cd del nostro gruppo preferito, ma allo stesso tempo ogni effetto aggiunto richiede una consapevolezza in più, una preparazione maggiore di quella che avevamo suonando senza questa nuova aggiunta.

Più il nostro suono è bello e ricco di effetti, più il nostro sforzo e la nostra conoscenza deve essere maggiore, altrimenti otterremo il risultato inverso.

Sembra che un amplificatore più grosso, il volume più alto o un effetto in più ci diano sicurezza, ci diano forza.

E invece no, più effetti aggiungiamo e più dobbiamo essere bravi.

Pertanto un effetto in più fa in modo che gli altri ci vedano grandi, ma contemporaneamente la nostra bravura dovrà essere proporzionata agli effetti che usiamo.

In sostanza, per avere un suono più bello abbiamo bisogno di un effetto in più, ma ogni effetto che aggiungiamo ci richiede un ulteriore sforzo.

Ed è proprio così: comprare un effetto in più è un operazione semplice per tutti, ma saper usarlo passa solo attraverso di noi, la nostra fatica e la nostra consapevolezza.

Quindi non è vero che basti comprare un oggetto in più per migliorare noi stessi. Per migliorare dobbiamo sempre metterci del nostro, sempre.

Per essere davvero migliori, per andare uno scalino più in su, dobbiamo impegnarci.

Un nuovo amplificatore non ci aiuterà in questo.

Un amplificatore molto reattivo con moltissima dinamica ci dà la possibilità di apprezzare della variazioni di tocco che con un altro amplificatore non era possibile apprezzare. Ci dà la possibilità di esprimere delle informazioni in più all'interno del nostro suono, ma non può farlo per noi: ogni amplificatore di per sé non produce proprio niente, lui amplifica ciò che produciamo noi. Più è raffinato, più sarà fedele la riproduzione del suono che esce dalle nostre mani. Ora tocca a noi.

L'ARTE SIAMO NOI

Ho pensato molto al concetto di arte, e non riuscivo mai a capire cosa fosse realmente. Un vecchio mobile realizzato a mano in legno di castagno, trattato ad olio e assemblato con tutti gli incastri a coda di rondine è arte.
Ma allora qual è il limite per definire arte o meno un'opera?
Se lo stesso mobile fosse stato assemblato con semplici viti brunite sarebbe meno artistico, ci sembrerebbe un pugno in un occhio quella modifica costruttiva.
Non ci starebbe affatto bene.
Eppure sarebbe sempre fatto a mano.
Uno stesso mobile, magari più bello, ma assemblato a macchina come lo definiremmo? Un prodotto uscito da una catena di montaggio può essere definito arte?

È un argomento davvero difficile e molto personale, ma ci proviamo.

L'arte ha a che vedere con noi, con noi in prima persona e in modo diretto, senza intermediari.

Ogni valore aggiunto potrebbe essere definito arte, ed ogni valore aggiunto costa fatica. Da lì nasce l'arte.

Il mobile con gli incastri a coda di rondine è arte poiché il valore aggiunto dell'artigiano è stato immenso: prima c'era un semplice albero ed ora tutti i pezzi del mobile stanno insieme senza alcuna vite.

Quella fatica immane ha preso il nome di arte. E questo vale per tutto: un muratore che a mano tira su un muro dritto è un artista, chi suona un bel brano è un artista. Pensiamo la fatica e dedizione di Giotto per creare un cerchio a mano libera, quello era un artista!

E se trovassimo un oggetto creato in serie ma pur sempre molto bello, sarebbe arte o no?

Bella domanda. No, non sarebbe arte. Il pezzo che è uscito dalla catena di montaggio è bellissimo, ma non è arte. È il risultato dell'artista che ha messo insieme e programmato la macchina o l'insieme di macchine che hanno permesso di realizzarlo.

Quindi chi ha inventato tutte quelle macchine e ha trovato il sistema di farle lavorare in sinergia per creare la catena di montaggio che darà vita a quei pezzi prodotti in serie è un'artista, la catena di montaggio è la sua arte! Lui ha lavorato e faticato per pensare e realizzare tutta la catena di montaggio, non ci sarebbe catena senza di lui. L'oggetto che ne esce, per quanto bello sia, è un bellissimo oggetto, ma non è arte. È il prodotto di un'altra arte, senza dubbio!

Ma l'arte non è cedibile o ereditabile. L'arte è il risultato dell'opera e della fatica dell'uomo, in modo diretto. L'arte siamo noi, nasce da noi. Quindi un artigiano che crea una sedia in legno senza viti di alcun tipo, è arte. La sua fatica e il suo ingegno vivono in quella sedia, vivono nella sedia e contemporaneamente le danno vita. Non esisterebbe quella sedia senza la fatica dell'artigiano. In modo personale, quella sedia è unica, come unica è stata la fatica di quell'uomo.

Mille pezzi prodotti in serie possono essere sicuramente bellissimi, curati in modo perfetto, e nessuno potrebbe discutere su questo. Ma quella non è arte: la fatica del creatore di quella determinata catena di montaggio è stata "unica". Tirando in ballo la matematica potremmo immaginare che, avendo prodotto mille pezzi con una sola fatica, ogni singolo pezzo potrebbe essere considerato arte all'uno per mille, vediamola così.
Il che non significa dover tornare a lavare a mano in un torrente o cose del genere, ci mancherebbe! Però dobbiamo attribuire il giusto peso alle parole, senza averne paura: colui che ha inventato e coordinato le operazioni di una serie di macchine che senza l'intervento dell'uomo creano una sedia partendo da un tronco di un albero introdotto grezzo all'inizio della catena è un artista, e tutto questo meccanismo è un'opera d'arte.
Però il prodotto di quest'opera d'arte (cioè della catena di montaggio) è semplicemente una cosa. Chiaramente ciò non significa sminuire l'opera di quell'inventore. È sano ricordare da dove sia nato l'oggetto che abbiamo tra le mani, e per questo ricorderemo l'uomo che ha portato a questa realizzazione automatica, ma l'oggetto dell'arte di quell'uomo è altro rispetto alla cosa che vediamo uscire dalla sua fabbrica.

Prima di diventare musicista di professione ho lavorato molto come sistemista. Mi è sempre piaciuto pensare che il mio mestiere fosse far funzionare le cose, non saperle usare. Lo trovavo buffo!

Io avevo il compito di creare infrastrutture di server, macchine che svolgessero funzioni differenti e configurate in modo da lavorare insieme, permessi e utenti, comunicazioni cifrate per lo scambio di dati dall'altra parte del mondo... ma non ho mai saputo utilizzare questo o quell'altro applicativo. Qualsiasi segretaria era più esperta di me nell'utilizzo di tutti quei programmi o procedure che io facevo funzionare o per i quali inventavo soluzioni impensabili per renderli operativi in tempi molto ridotti. La mia arte era far funzionare le cose, farle "andare", creare il terreno affinché potessero muoversi. Tutto quello che veniva dopo non era merito mio, non era la mia arte.

La mia opera d'arte era aver creato soluzioni nuove per permettere l'esecuzione di varie procedure, le quali sarebbero state il terreno per lo sviluppo dell'arte di qualcun altro. Ho visto gente compiere davvero magie con vari programmi, spremendoli fino all'inverosimile. Io lo facevo con le infrastrutture, loro con i programmi. I programmi giravano per una mia arte, ma la mia opera d'arte non era ogni singolo programma che girava, era l'idea dell'infrastruttura. Una volta partorita l'idea e trovato il modo di renderla realizzabile, l'arte è finita. Per quanto grande o divertente fosse stata, è finita. Non significa dimenticarsene o svalutarla, ma significa rendersi conto che è finita. Domani ci sarà una nuova opera d'arte da creare, in un modo che ancora non è stato scoperto...

L'arte non va in vacanza, l'arte non si ferma.

Lei ha bisogno di noi, e noi abbiamo bisogno di lei.
Come l'uovo e la gallina, non sappiamo se siamo nati prima
noi o prima l'arte, ma forse siamo nati semplicemente
insieme. Siamo due facce della stessa moneta, e noi siamo
dalla parte della testa: sta a noi decidere se voltarci a guardare
l'arte che simbolicamente ci sta appiccicata sulla schiena o se
continuare a guardare avanti facendo finta di non sentire
nulla.
Come le monete, ognuno porta dietro di sé una croce, ma è
proprio la nostra croce che può renderci migliori.
Dobbiamo solo voltarci, guardare la moneta dall'altra parte.
È questione di punti di vista.

CAFFE'

Ti ringrazio di aver scelto di bere questo caffè insieme, e ti ringrazio di essere arrivato al penultimo capitolo.

Sta a te scrivere l'ultimo.
L'ultimo capitolo di questo libro sarà il primo del TUO libro, quel libro che è solo tuo e che sta già parlando di te.

Scrivilo bene, con tutto te stesso.
Non ti preoccupare, sistemo io la tavola e le tazzine! Ti ho invitato io a bere un caffè, mi sembra il minimo...

Tu hai qualcosa di più importante da fare ora.

"Se non ami [...] non hai un vero motivo per vivere,
[...] se non ami non ha senso tutto quello che fai,
[...] se non ami, non ti ami, non ci sei."

Nek

INDICE

Sull'autore...

Andrea Favaro (conosciuto come **Axel**) è chitarrista, fonico e insegnante. Vive nell'ambiente musicale da sempre, anche grazie alla passione musicale coltivata dai genitori.

Da oltre 10 anni è fonico: ha preso parte a spettacoli di vario genere, dai concerti ai musical, passando per rappresentazioni teatrali e cabaret.
Dai primi studi classici, l'interesse si è spostato verso la chitarra moderna: ha frequentato la Rock Guitar Academy di Donato Begotti a Milano, prendendo posto tra i migliori diplomati.
Attualmente è attivo in varie situazioni, sia in elettrico che in acustico, oltre all'attività didattica svolta nel trevigiano.

www.andreafavaro.com

www.ingramcontent.com/pod-product-compliance
Lightning Source LLC
Chambersburg PA
CBHW060400290526
45791CB00002B/572